治理视域下高校教学督导工作的思考与实践

吴计生　著

·北京·

内 容 提 要

本书立足地方高校督导工作体制创新与发展全局，以提高地方高校教学质量为目标，用公共治理理念审视地方高校督导工作体制现状，梳理当前“管办评”联动背景下地方高校督导体制存在的问题，按照我国政府职能转变的大方向，对当前的地方高校督导运行体制进行优化设计，做好顶层设计，并从实践中探索出地方高校督导体制新模式的实施保障机制，力争将理想蓝图变成可操作的模式。

本书分上下两篇展开。上篇主要讲“治理视域下高校教学督导工作的思考”，分为八章。首先，从地方高校督导体制创新的必要性及意义出发，一则为学界自觉开展地方高校督导体制创新研究“抛砖”，再则是积极呼吁各地方高校重视督导工作建设，切实提高教学质量；其次，从治理视角出发，审视当前地方高校督导体制现状，对地方高校督导体制创新中的相关问题进行研究；再次，对东亚国家日本、韩国教育督导制度进行比较研究，借鉴其有益经验；最后，对地方高校督导体制创新设计理性架构，并探讨地方高校督导新体制运行的实施保障措施等。下篇主要讲“治理视域下高校教学督导工作的实践”，分为四章，主要是从长沙师范学院督导工作实践出发，对地方高校督导机制创新建设进行实践探索。

本书可以作为从事高校督导工作的管理者的参考用书。

图书在版编目（CIP）数据

治理视域下高校教学督导工作的思考与实践 / 吴计生著. -- 北京 : 中国水利水电出版社, 2020.4（2024.1重印）
ISBN 978-7-5170-8458-7

Ⅰ. ①治… Ⅱ. ①吴… Ⅲ. ①高等学校－教育视导－研究－中国 Ⅳ. ①G647

中国版本图书馆CIP数据核字(2020)第044394号

策划编辑：周益丹　　责任编辑：张玉玲　　封面设计：梁　燕

书　　名	治理视域下高校教学督导工作的思考与实践 ZHILI SHIYU XIA GAOXIAO JIAOXUE DUDAO GONGZUO DE SIKAO YU SHIJIAN
作　　者	吴计生　著
出版发行	中国水利水电出版社 （北京市海淀区玉渊潭南路 1 号 D 座　100038） 网址：www.waterpub.com.cn E-mail：mchannel@263.net（万水） sales@waterpub.com.cn 电话：（010）68367658（营销中心）、82562819（万水）
经　　售	全国各地新华书店和相关出版物销售网点
排　　版	北京万水电子信息有限公司
印　　刷	三河市元兴印务有限公司
规　　格	170mm×240mm　16 开本　13.25 印张　195 千字
版　　次	2020 年 4 月第 1 版　2024 年 1 月第 2 次印刷
印　　数	0001—3000 册
定　　价	62.00 元

前　言

十八大以来，我国改革进入深水区。党和政府将“完善和发展中国特色社会主义制度，推进国家治理体系和治理能力现代化”提到国家战略高度。为了贯彻党和政府的战略部署，在2014年全国教育工作会议上，时任教育部部长袁贵仁发表了《深化教育领域综合改革、加快推进教育治理体系和教育治理能力现代化》的讲话，强调推进教育治理体系和治理能力现代化，“要进一步完善督学、督政、监测三位一体的教育督导体系”。“要加强教育督导机构建设，充实教育督导队伍力量。研究制定督学管理办法，提高督导工作规范化专业化水平。”上述党的战略部署及教育部的具体政策表明，新时代教育要“不忘初心，牢记使命”，必须坚持立德树人，要加强教学督导与评价工作，要走内涵式质量发展道路，提高教学质量。

在政府简政放权和“管办评”分离的大背景下，各地方高校完善内部治理结构是大势所趋。对于各地方高校内部教学督导工作来说，其监督、检查、评价、指导、参谋职能的开展，必须要有一定的规范性、法治性；必须要有一定的专业性、技术性；必须要有信息化和大数据支撑。因此，当前无论是高等教育外部环境，还是高等教育自身发展，都对“高校教学督导治理体系和治理能力现代化”有迫切需求，也给各地方高校提升教学督导治理能力提供了契机。当然，各地方高校完善督导工作体系、提升教学督导治理能力并不仅仅是一项单纯的技术工作，它必将涉及深层次的体制创新。

如何革新各地方高校当前以行政控制为主的督导工作体制，发展多元主体协同治理，构建各地方高校教学督导治理体系，是近年来学界共同关心的前沿议题。本书认为，必须按照我国政府职能转变的大方向，用公共治理理念梳理当前“管办评”分离背景下地方高校督导体制现状，对目前高校督导运行体制进行优化设计，做好顶层设计，并从实践中探索出实施地方高校督导体制新模式的保障机制，将理想蓝图变成可操作的模式，开创“高校主导、多元参与”的高校督导体制协同治理改革新格局，以更好地服务于提高地方高校教学质量这个大目标。

本书具有三个方面的新意。一是遵循新的改革精神。按照十八大以来党中央、国务院要求，本书从立足实际，建立多元协同、依法治理的地方高校督导机制的角度来展开研究。二是建构新的框架体系。本书紧紧围绕“治理视域下的地方高校督导工作”以及“治理视域下地方高校督导体制怎样创新”这两大核心问题进行整体设计。三是体现新时代新特色。本书充分尊重学界目前的学说和实践经验，尽量把在长沙师范学院督导工作中效果好的实践做法吸纳到书中，呈现新观点、新做法，努力做到推陈出新，体现新时代新特色。

本书分上下两篇展开，上篇分为八章，下篇分为四章。

上篇主要讲“治理视域下高校教学督导工作的思考”，分八章，重点讲述基础研究。第一章为“思路缘起：从控制走向治理的高校督导体制创新”，主要阐述问题缘由、研究文献综述、研究内容和方法等。第二章为“理论基石：地方高校督导体制创新的理论选择”，阐述治理理论的背景、内容，对治理理论和地方高校督导体制创新的关系进行理论阐释。第三章为“基本问题：地方高校督导体制创新相关问题研究”，主要阐述地方高校督导、督导体制的内涵；地方高校督导体制创新的要素与方向；地方高校督导体制创新的本质特征与价值取向等。第四章为“困境阐述：地方高校督导体制现状审视”，在宏观层面，对中国督导发展的历史脉络进行系统回顾、分析和研究；在微观层面，运用调查法、访谈法，选择C学院为案例，系统分析阐释了其督导工作的现状。第五章为“区域经验：东亚国家教育督导制度的比较”，对日本、韩国等东亚国家的督导制度建设情况进行分析，找出其共同特点、可资借鉴的有益经验，为完善地方高校督导体制提供借鉴和思考。第六章为“理性构想：治理视域下地方高校督导体制创新的理性构思”，运用治理理论对地方高校督导体制创新提出了系统性的理性构想和实践路径。第七章为“机制保障：治理视域下地方高校督导体制创新中的技术机制建设”，尝试探讨地方高校督导体制创新中的各种保障机制建设。第八章为“结论与展望”，对前七章内容进行归纳总结、提炼和升华。

下篇主要讲“治理视域下高校教学督导工作的实践”，分为四章（第九章至第十二章），为地方高校教学督导工作的应用研究。第九章为“治理视域下长沙师范学院督导体制创新实践探索”；第十章为“治理视域下长沙师范学院督导机制创新建设实践”；第十一章为“治理视域下长沙师范学院督导工作内容建设实践”；第十二章为“治理视域下长沙师范学院督导信息反馈机制创新建设实践”。

本书借鉴了国内外许多学者的研究成果和各地方高校的督导实践经验，同时得到了众多前辈的悉心指导，在此一并致谢。由于作者水平有限，书中难免存在不足之处，恳请专家学者、广大教师和读者批评指正。

本书为 2014 年湖南省教育科学规划课题（一般）“基于治理理论的高校督导体制创新研究”（XJK014CJG005）成果。

作 者

2020 年 1 月

目　　录

下　篇

上　　篇

第一章　思路缘起：从控制走向治理的地方高校督导体制创新

2018 年 1 月 26 日，《人民日报》刊文《奋力谱写建设教育强国时代新篇章》指出，“要按照新时代、新思想、新矛盾对教育的新要求，瞄准社会主义现代化强国‘两步走’目标，加强顶层设计，谋划各级各类教育发展战略，加快推进教育现代化”，强调“要加强教育督导，完善督政、督学、评估监测格局，推动党的教育方针落地生根”。2019 年 11 月，教育部部长陈宝生在《旗帜》杂志发表文章，要求“推进教育治理体系和治理能力现代化”。由此可见，在今后一段时间内，推进教育治理体系和治理能力现代化建设是新时代深化教育改革的重大命题和核心任务。

地方高校督导工作治理现代化是目前高校治理现代化建设的重要切入口。对于地方高校治理现代化建设，要抓住督导工作这个牛鼻子，推动高校“管办评”分离。高校督导体制创新本质上就是要坚持立德树人，积极完善督导体制机制，加快体系与职能建设，不断提升高校督导工作的法治化、专业化、现代化水平等。从某种意义上说，提升高校督导体制治理现代化、治理能力现代化水平，是现代高校治理的重中之重。

第一节 问题缘起

一、时代诉求：高校督导是高校质量持续提升的保障

（一）新时代高等教育发展的理性归属

21 世纪，高等教育将注重“质量发展、内涵发展”。1998 年，联合国教科文组织召开首届世界高等教育大会，大会宣称，提升高等教育的质量是 21 世纪的时代命题。会议认为：“高等教育质量是一个多层次概念，包括高等教育的所有功能：教学与技术计划、研究与学术成就、教学人员、学生、校舍、设施设备、社会服务与学术环境等。除了自我评估，由专家尤其是有国际经验的专家进行外部审查，非常重要。应建立独立的国家机构和确定国际公认的质量标准。”①此次会议之后，世界上绝大多数国家和地区对高等教育质量、高等教育管理体制等给予了更多的关注。关于此次会议，教育部高等教育司司长吴岩在《严起来、难起来、实起来、忙起来，把医学教育质量实实在在提起来》报告中指出，“标志着教育发展由数量向质量的转移，标志着一个新时代的开始。谁轻视教育质量，谁就将被淘汰出局”。

改革开放 40 多年，我国在各领域都取得了长足进步，在高等教育领域，规模越来越大。教育部高等教育司司长吴岩在《严起来、难起来、实起来、忙起来，把医学教育质量实实在在提起来》报告中指出，“截至 2019 年 8 月，中国高等教育院校总共 2663 所（本科院校 1245 所）。从隶属上看，其中地方高校 2544 所，占 96%，部属高校 119 所，占 4%；从地域来看，东部高校 1130 所，占 42%，中部高校 838 所，占 32%，西部高校 695 所，占 26%；共有专业类 92 个，专业 669 个，专业点 58477 个；在学规模方面，2018 年，共有在校生数 1697.3 万，招生数 422.2 万，毕业生数 386.6 万”。

2019 年 6 月 20 日，教育部高教司司长吴岩《在高等学校专业设置与教学指导委员会第一次全体会议上的讲话》中讲到，随着高等教育规模的发展，中国高

① 赵中建．21 世纪世界高等教育的展望及其行动框架——98 世界高等教育大会概述[J]．上海高教研究，1998 年第 12 期．

教（高等教育）质量也在提高。2017 年 9 月，《中共中央 国务院关于开展质量提升行动的指导意见》要求“推进高等教育人才培养质量，加强相关学科、专业和课程建设”，高等教育质量得到了中央高层的关注。2009 年，教育部开始进行本科合格评估；2012 年，教育部开始进行大规模的专业认证；2013 年，教育部开始进行审核评估。短短几年，“质量意识”在中国高等教育领域生根发芽。随着“质量意识”的萌芽，中国高等教育“质量革命”开始行动：2018 年 1 月，教育部发布了《普通高校本科专业类教学质量国家标准》；2018 年 6 月，教育部召开了新时代全国高等学校本科教育工作会议；2018 年 11 月，教育部成立了新一届教育部教学指导委员会；2019 年 4 月，教育部启动了“六卓越一拔尖”计划等。

可以看出，在今后很长一段时间内，“质量”是国家教育发展关注的重点。在高等教育方面，“学生中心（Student Centred）——把全体学生学习效果作为关注的焦点，结果导向（Outcome Based Education，OBE）——教学设计和实施目标保证学生取得特定学习成果，质量持续改进（Continuous Quality Improvement，CQI）——‘评价—反馈—改进’，建立闭环，形成保障高等教育质量的持续改进机制”等“三大质量理念”深入人心。因此，作为高等学校教学质量持续改进的重要机制，高校教学督导工作与高校教学督导体制越来越受到国家、各高校的重视。

（二）高校督导治理水平及治理能力现代化发展的诉求

高等教育质量是世界各国及民众关注的主要问题，“治理”是不同体制的国家高等教育管理体制改革走向的大势。从规模上讲，目前我国高等教育已经进入大众化阶段，主要表现为：高等教育利益关联者明显增多；受教育者就业通道进一步变化，市场起决定作用；高等教育国际交流广度和深度前所未有；等等。因此，无论是高等教育自身发展，还是高等教育外部环境，都对高校治理体系和治理能力现代化有迫切的现实需求。

党的十八届三中全会通过的《中共中央关于全面深化改革若干重大问题的决定》提出：“全面深化改革的总目标是完善和发展中国特色社会主义制度，推进国家治理体系和治理能力现代化。”党的十九大再次强调“全面深化改革总目标是完善和发展中国特色社会主义制度、推进国家治理体系和治理能力现代化”。党和政府将“国家治理体系和治理能力现代化”提到国家战略高度，给高校提升现代教育治理能力及创新教育管理方式提供了契机。

教育督导是推进教育治理体系现代化和教育治理能力现代化有效落实的监督部门，2014年，时任教育部长袁贵仁在全国教育工作会议上发表《深化教育领域综合改革、加快推进教育治理体系和教育治理能力现代化》的讲话，强调推进教育治理体系和治理能力现代化，“要进一步完善督学、督政、监测三位一体的教育督导体系。”“加强教育督导机构建设，充实教育督导队伍力量；研究制定督学管理办法，提高督导工作规范化专业化水平。”2015年，教育部印发《教育部关于深入推进教育管办评分离 促进政府职能转变的若干意见》，指出：“推进依法评价，建立科学、规范、公正的教育评价制度。”

目前运行的高校内部督导机制，对保障高校教育质量发挥了积极作用，但是，也存在着一些体制性问题：一是我国高校自上而下“大一统”的督导机制，与当前的教育治理理念相悖；二是我国高校督导发展历史虽短，却与政府教育管理部门关系不顺畅；三是我国高校督导自身组织体系不健全，体制支撑条件弱；四是我国高校督导职能要求超前，体制保障滞后。

随着国际高等教育质量保障运动愈演愈烈，各国都从各自国情出发构建本国高校内部督导体系，并把它作为政府展示高水平业绩的一种公共责任。因此，在强化国家教育督导、深入推进“管办评”分离的要求下，对高校督导体制，我们不能再停留在“大一统”的思维模式中，也不应局限于在高校管理框架中进行简单的职能延伸或下放，必须基于治理的大视角，基于政府、高校、专业机构、社会组织的关系，借鉴国外先进经验和有益做法，系统、全面地审视我国高校督导体系中不同主体、不同职能和不同实施方式之间的关系，对高校督导职能、组织机构和运行机制进行顶层设计，创新我国高校督导体制大格局。总之，完善我国高校督导体系不是一项单纯的技术工作，它涉及深层次的体制创新。

二、现实困境之诉求：高校督导体制创新是提升高校教学质量的现实需要

高等教育倡导的“双一流”等目标，本质上是国家深化高等教育改革的体现。

实现高校督导体制改革创新与国家要求的教育治理能力现代化存在密切的关联，主要表现为以下几方面。

（一）高校督导体制创新与高校治理能力现代化的内在耦合

1. 高校督导体制创新是达成高校质量目标的现实需要

当前，我国倡导实现高校治理现代化，需要以科学的治理结构为依托，正确处理高校督导部门与师生、政府、社会公众等内在及外在的各类主体的关系，形成可持续发展的高校督导体制，形成具有地方高校特色的督导自我发展机制。而高校督导体制创新是制度构建的表现，是高校改革的基本内容和重要环节，督导制度的执行是治理能力的集中表现。简言之，推进高校督导体制创新及治理现代化的过程符合我国高等教育质量发展的目标。

2. 高校督导体制创新是高校改革创新的重要内容

在高等教育领域中，督导体制治理现代化是助推高等教育事业快速发展的重大部署，更是实现教育事业全面深化改革的重要组成部分。高校教学质量的提升对我国的人才培育发挥着极其重要的作用，对督导体制治理现代化有基础作用。由此可知，高校督导体制治理现代化，不仅深刻影响着高等教育质量发展，更是高校体制创新的重要组成部分。

3. 高校督导体制创新是实现国家教育治理现代化的重要体现

将国家治理体系和治理能力的概念运用于高校督导体制领域，主要表现为督导方面的各种法律法规、制度体系，以及督导工作执行能力等方面。高校督导体制创新及其治理现代化，产生于国家教育治理的大框架，是根据高等教育自身发展规律，同时满足教育现代化的各项基本要求，依靠高校职能转变，积极搭建一个学校、社会、企事业单位等共同参与的框架，并最终实现高等教育现代化的过程。因而，地方高校督导体制创新，对于深化高等教育治理乃至国家治理现代化都极其重要。

（二）高校督导体制创新是高校治理体系现代化的重点方向

在推进高等学校治理体系现代化的进程中，要抓准重点方向，构建好政府、学校、社会三者共同参与的新局面。

1. 高校督导体制创新可促进高校“管办评”分离

要形成权责明确、规范有序的高校教学管理体制，必须深入推进高校“管办评”分离，必须完善地方高校内部治理结构。对于高校督导体制创新来讲，首先，必须强化督导职能；其次，在督导评估方面，可以委托社会组织开展监测评估，实现督导体制公共治理新格局。

2. 高校治理现代化必须加强督导体制顶层设计

推进地方高校治理体系现代，必然要求督导体制体系现代化。在国家治理体系现代化和治理能力现代化的前提下，高校督导体系现代化必然要求形成多元治理格局，具体而言，就是从治理的角度，形成学校自主办学、企事业单位及社会参与、协同共治的高校督导治理体系。

3. 高校督导体制创新是高校治理当务之急

高校治理体系现代化是一个长期、动态的过程，要把重点放在对薄弱环节的政策突破和保障上。当前，在实现高校治理体系现代化过程中，高校督导体制创新相对容易推进，是高校治理的当务之急。

三、研究现状之需要：高校治理相关理论的快速发展

治理研究起源于西方，教育领域的治理作为一个系统，包括了各层次、各类型的教育子系统，高等教育治理、高校督导体制创新只是其中一个分支。从研究内容来看，虽然从治理的视角结合我国高等教育现状进行的研究较多，但整体研究略显笼统，治理研究与高校督导体制创新相结合的研究几乎没有，成果略显苍白；从研究主题来看，现有关于高等教育治理的研究主要集中在对大学、职业学院的治理研究上，对高等教育管理系统（如，教学系统中存在的问题）着墨不多；从对高校督导的研究来看，关于高校督导的众多研究主要集中在从单一层面探讨高校教学督导，对高校督导体制的研究力度略显不够，研究视域相对狭窄。实际上，目前关于高校督导体制创新的研究还很少，而以治理的视角去研究，到目前为止几乎未被涉及。毋庸置疑，作为高校治理及高校教育质量治理的重要分支，对高校督导体制创新的深入研究有助于教育治理理论本身的丰富和完善，因而对高校督导体制的治理研究理应被重视。

第二节　研究现状与文献综述

教育督导体制机制问题是教育督导的基本问题。从查阅的资料来看，国内基于治理理论对高校管理体制创新的直接研究非常少，用治理理论研究当前我国高校督导体制改革创新则几乎是一片空白。根据作者搜集到的资料，按照内容的相关性，我国教育督导研究大致可归纳为以下几个方面。

（一）督导工作中专著类文献分析

通过收集的资料发现，关于督导方面的书籍，多从教育督导的理论、原理、源流、发展等方面进行系统、全面的论述，主要著作有顾明远主编的《外国教育督导》（人民教育出版社，1993），该书介绍了英国、苏联等 6 个国家的教育督导制度；黄崴著的《现代教育督导引论》（广东高等教育出版社，1998）；朱琦、杨辛、蔡雯卿合著的《问题与探讨：当代教育督导研究》（天津出版社，2006）；李帅军、穆兰合著的《教育督导的理论与实践》（中国档案出版社，2003），该书主要从教育督导制度的源流、发展，以及在我国的实施原则、方法、手段等多方面加以阐释；赵玉林编著的《高校教学督导工作运行论》（武汉理工大学出版社，2004），该书主要论述了高校教学督导工作的性质与特征、素质教育系统、质量教育系统、管理体制，高校教学督导工作运行的基本规则、运行过程、工作形式等；甘罗嘉编著的《高校教学督导：理论与实践》（北京：知识产权出版社，2017），该书从高校教学督导工作实践出发，从督导工作的功能定位、管理机制、工作内容与职责、课堂教学评价，以及督导工作实践经验与执行艺术等方面阐述了对高校教学督导工作的理论思考。

（二）期刊类文献分析

通过知网、百度学术搜索发现，有些文献阐述了关于高校教督导工作的研究。

相关文献从督导制度设计、督导机制、督导权威等角度进行研究．2019 年杨春芳的《以标准引领教育管办评分离的实践探索——天津市义务教育学校现代化标准建设的督导创新》一文，探索了深入推进“管办评”分离的有效路径，以及“督政—督学—评估监测”三位一体的督导体系的建立、完善和巩固办法；韩清林的《中国特色教育督导制度30多年发展的回顾与思考》一文，介绍了中华人民共和国成立以来我国教育督导制度的发展；杨颖秀的《教育督政：中国教育督导制度的特色分析》一文，系统地讲述了中华人民共和国成立后教育督导机构的行政主体资格及其权利能力和行为能力；2014年李姗的《我国中央教育督导制度研究（1949—1985）》，重点考察了中华人民共和国成立后各个阶段教育督导制度的机构设置、法规设立、队伍建设、经费配置和实践活动等，对我国教育改革提出适应性建议。纽曼（1999）认为，督导的核心是为教师提供各种机会，不断地提高他们的学习能力，从而使教学更加有成效。王忠萍（2005）认为，教学督导员的素质结构，应该是一个开放的体系，是一个全面的、多层次的、复合的结构体系。马驰（2002）认为，教学督导人员应完整地具备精神力量和物质基础。

部分学者从治理角度对教育进行了研究。张维迎（2004）从经济学的角度谈到了大学内部管理体制的改革问题。他的理论基础是治理理论之利益相关者理论，主张利益相关者共同治理。他认为，大学里的利益相关者包括校长、教授、行政人员等，每一个利益主体都对大学的治理有着不可推卸的责任，但是每个人又不为大学的发展负全责。龙献忠（2007）以治理理论为框架对大学和政府的关系做了全面的梳理和研究，由于时代的发展和社会的进步，高等教育国际化、市场化、大众化趋势加强，政府与大学的关系模式也需要有所改变。他提出，政府与大学的关系不再是传统的统治与控制管理模式。于海棠（2003）则将治理作为一种管理创新理念来探讨高校的教育改革。他对比了统治与治理在管理主体、管理手段、权力运行方向、追求目标和评价标准等方面的不同，同时强调了高校实施治理的必要性与可行性，最后提出了相应的对策。2016年，赖长春的《教育治理体系现代化背景下的教育督导发展趋势》一文，探索了教育治理体系现代化的推进。

（三）学位论文类分析

作者在中国优秀硕博士学位论文数据库中搜索到，对教育督导、督导体制进行研究的硕士论文、博士论文主要有：《20世纪90年代以来英国教育督导制度的改革与借鉴》（河北大学，2004，马丽娟）；《新中国省级教育督导制度研空——以湖南省当代教育督导制度为例》（西南大学，2006，凌飞飞）；《我国现代教育督导权威的缺失及其构建研究》（西南大学，2006，郑子莹）；《高校教学督导现状及其队伍建设研究》（河海大学，2007，方建宁）；《主体性教育督导研究》（山东师范大学，2009，李德龙）；《黑龙江省本科高校内部教学督导模式研究》（哈尔滨工程大学，2009，李晓）；《我国高校教学督导运行机制研究——基于系统分析的方法》（华中师范大学，2010，胡燕玲）；《中日教育督导制度比较研究》（河南师范大学，2012，卢盈）；《高校教学督导的问题与对策研究》（哈尔冰师范大学，2013，富欢）；《民国时期福建省教育视导制度研究》（福建师范大学，2015，邱春华）；《地方高校教学督导问题研究》（黑龙江大学，2016，张乐）；《高校教学督导制度研究》（华南农业大学，2016，徐斌）。

（四）文献综述述评

作者对中国知网、百度学术上相关教育督导、治理方面的多篇代表性文献进行研究后发现，目前治理视域下教育督导体制机制的研究内容主要集中在三方面。

（1）关于督导或者督导体制的比较研究。研究主要是和世界各国督导体制进行比较，对亚洲、欧洲、美洲相关国家和地区在督导机构设置、人员聘用、法律法规、督导方法等方面进行比较，分析其特色，然后借鉴其相关做法。

（2）关于督导或者督导体制的历史经验总结。研究主要总结国内教育督导制度的发展变革、历史演变，归纳教育督导的发展趋势和走向。

（3）关于督导或者督导体制的业务研究。研究主要分析教学督导业务能力，如督导评价指标体系、评价标准、督学管理制度等。另外，从治理的角度出发，分析我国督导体制建设、督导权威性、督导制度等宏观与微观命题，提出督导机构设置不科学，督学队伍结构不合理，督导法制建设不完善等问题，并提出对策建议。

从总体上看，国内外多研究教育督导体制机制具体领域的单项因素，对高校督导体制建设研究的几乎没有，系统分析整个高校督导体系的论文较少。鉴于现有研究存在的不足，本研究将努力完成下列几项任务。

任务一：深刻阐述地方高校督导体制创新的必要性和意义，以引起人们对高校督导体制建设的重视，一方面为学界自觉开展地方高校督导体制创新的研究“抛砖”，另一方面也呼吁地方高校尽快采取有效治理措施，制定符合本校特色的地方高校督导体制建设的实际办法。

任务二：从治理理论的视角出发，站在宏观立场，提出地方高校督导体制创新的价值导向、理想架构和保障机制等，提出具体的行动路径和政策建议等。

任务三：除经验总结和逻辑推演的质性分析以外，还从量化和实证研究方面对地方高校督导体制创新进行实践。

第三节　研究设计

在研究了选题背景及文献综述后，合理确定研究的思路、研究框架与研究方法，是研究能否成功的关键。

一、研究目标

本研究以理论分析为主，然后将研究视角推向实践应用，将理论与实践应用相结合。也就是说，本研究既要回答“为什么”“是什么”，也要在某种程度上回答“怎么办”。

本研究的目标是为解决当前“管办评”联动背景下地方高校督导管理体制存在的诸多问题，综合运用文献研究、比较研究等多种研究方法，用公共治理的理念审视高校督导现状，按照我国政府转变职能的大方向，对目前运行的高校督导体制进行优化，用顶层设计的战略思路构建高校督导新体制，并从实践中探索出实施地方高校督导新模式的保障机制，将理想蓝图变成可操作的模式。

二、研究思路

本研究的基本思路是：第一，从现实入手，分析当前高校督导管理体制现状、问题及产生问题的原因、面临的挑战；第二，了解国际上高校督导机制的模式、组织及可借鉴的经验；第三，重点阐述治理视域下地方高校督导体制的理性构想，做好顶层设计；第四，尝试从不同的角度提出地方高校督导体制创新的完善策略，以保证地方高校督导体制良好运行。

三、研究内容

地方高校督导工作是保障地方高校教学质量的关键。本研究从地方高校督导体制存在的相关问题出发，发现问题、分析问题，最终解决问题。治理视域下地方高校督导工作现状如何，哪些问题需要治理，治理理论如何有效保障地方高校督导工作的持续提升等问题都缺乏系统的研究。针对这些问题，本书分上下两篇展开。

上篇共分为八章，具体如下所述。

第一章为“思路缘起：从控制走向治理的高校督导体制创新”，主要阐述研究缘由、研究文献综述、研究内容和方法等。

第二章为“理论基石：地方高校督导体制创新的理论选择”，阐述治理理论的背景、内容，对治理理论和地方高校督导体制创新进行理论阐释，探明治理理论与地方高校督导体制创新之间的内在逻辑关系，同时从治理理论对完善地方高校督导体制的适切性进行分析，为运用这一理论解构地方高校督导体制创新创造前提条件。

第三章为“基本问题：探讨地方高校督导体制创新的相关问题”，具体内容包括地方高校督导、督导体制的内涵，地方高校督导体制创新的要素与方向，地方高校督导体制创新的专业化与规范化，地方高校督导体制创新的本质特征与价值取向等。

第四章为“困境阐述：地方高校督导体制现状审视”，在宏观层面，对中国督导体制发展的历史脉络进行系统回顾、分析和研究；在微观层面，运用调查法、访谈法，选择C学院为案例，系统分析阐释了其督导工作的现状。本章重点对治理视域下地方高校督导体制创新存在的困境进行了阐释，为进一步深入探讨治理视域下督导体制如何创新做了必要的铺垫。

第五章为“区域经验：东亚国家教育督导制度的比较”，在分析日本、韩国等东亚国家的督导制度建设情况的基础上，找出其共同特点、可资借鉴的有益经验，为完善我国地方高校督导体制提供借鉴和思考。

第六章为“理性构想：治理视域下地方高校督导体制创新的理性构思”，结合前文分析，立足本地，针对当前地方高校督导体制存在的主要问题，运用治理理论对地方高校督导体制创新提出了系统性的理性构想和实践路径。

第七章为“机制保障：治理视域下地方高校督导体制创新中的技术机制建设”，讲述地方高校督导体制新模式从组织、政策、制度、技术等维度进行完善的措施。

第八章为“结论与展望”，在前文分析的基础上进行提炼和升华，归纳出最终结论，系统总结了本书的创新点，并对研究的不足进行了说明。

下篇共分为四章，具体如下。

第九章为“治理视域下长沙师范学院督导体制创新实践探索”。

第十章为“治理视域下长沙师范学院督导机制创新建设实践”。

第十一章为“治理视域下长沙师范学院督导工作内容建设实践”。

第十二章为“治理视域下长沙师范学院督导信息反馈机制创新建设实践”。

四、研究方法

本书坚持理论与实践结合、质性与量化相统一的研究方法，全面探究地方高校督导体制的治理路径。具体运用的主要方法如下所述。

（1）文献研究法。通过文献研究法尝试解决如下问题：①全面搜集国内外与教育督导、高校督导、高校督导体制等相关的文献资料，在全面研究相关资料的基础上展开研究述评，从而确定本书研究的现实问题的逻辑起点，并架设整体研究的思路；②通过文献研究，梳理治理与督导体制等概念之间的逻辑关系，为本书进行的研究提供理论指引。

（2）调查研究法。通过调查研究法深入地方高校督导工作实践，为本书提供翔实的实证支撑和现实依据。调查研究法尝试解决三个层面的问题：①通过问卷调查揭示当前地方高校督导工作治理中存在的主要问题，并探明原因，从而为后续的研究提供现实依据；②运用访谈法对地方高校督导机制的运行现状、存在的问题及面临的障碍进行深入了解。

(3)比较研究法。选择不同国家的不同教育管理体制下有代表性的教育督导、高校督导体制作为比较对象，对其体制、组织结构、运作模式等进行比较研究，揭示其基本规律，为完善我国地方高校督导机制提供借鉴。

第二章　理论基石：地方高校督导体制创新的理论选择

随着全球化发展，治理理论成为西方学者积极倡导的公共改革思想，它最早应用于公共行政管理领域，强调多元、民主、合作、法治。因此，治理理论作为一种管理思想和分析问题的框架，被学者们广泛引入其他各个领域，教育领域也不例外。引入治理理论，对健全和完善我国地方高校督导体制无疑具有很强的理论阐释和实践参考价值。

第一节　治理理论相关阐述

在中国共产党召开的十八届三中全会上，通过了《中共中央关于全面深化改革若干重大问题的决定》，该决定中出现了“治理”一词，这突显了国家对治理能力现代化的期望。

（一）新时期中国特色治理理念

20 世纪 90 年代初，刘军宁、俞可平等学者把西方治理理论引入我国学术界。随着社会的发展，我国相关专家、学者对治理的研究取得了一定的成果，主要包括以下几个方面：

1. 治理即善治

学者们认为：治理的目标就是实现善治，即增进和实现公共利益的最大化；治理需要公民与社会主动参与；治理需要改变单一管理模式；各治理主体之间，主客体之间要互相合作、互相依赖，共同参与治理。

2. 治理内容

学者们认为，治理内容包括改进社会治理方式、激发社会组织活力、创新有效预防和化解社会矛盾体制、健全公共安全体系等方面。

3. 治理能力

学者们认为，为了更好满足人民生活日益多样化的需求，促进国家和社会的和谐发展，必须加强治理能力建设。

（1）必须大力提升政府治理能力。现阶段，政府提高管理水平的方向不能变，保持国家、社会平稳发展的目标不能变，这是政府治理能力现代化的必由之路。

（2）加强市场治理能力。作为社会主义市场经济国家，要坚持市场在资源配置中的作用，要进一步促进市场活力，调整好政府与市场关系，坚持底线思维，增强忧患意识，充分发挥好市场有效的宏观调控。资源利用得怎么样，已经成为衡量市场治理能力的重要标准。

（3）加强社会治理能力。在社会主义市场经济体制下，社会日益多元化，社会治理能力是指国家内的多元治理主体通过平等协商、沟通、合作等方式，依照法律规则等对社会领域事务进行管理、协调等，进而实现公共利益最大化的能力。

（二）西方治理理论

“一种理论或实践，只要反映了人类社会发展的共同规律，无论最初在哪个国家或哪个地区出现，它们最终都会在其他国家和地区发生作用，并成为人类文明的共同价值。”①在推动地方高校督导体制治理现代化的过程中，同西方社会的治理理念、思想进行有效碰撞是很有必要的。

1. 西方治理理论的渊源

西方社会将“治理”作为一种管理思想与理念，其产生与西方社会出现的各种危机密切相关。第一，随着西方国家各种公共问题的突显，传统的以国家为基本单位的管理形式，受到严峻挑战。第二，由于西方社会看重的市场失效，迫切需要政府、市场之外的第三者来参与管理。第三，公民社会，如各种民间组织（Non-government Organization，NGO）、利益团体的日益发展，为治理的兴起提

① 俞可平．论国家治理现代化[M]．修订版．北京：社会科学文献出版社，2015：3.

供了现实土壤。第四，大数据的迅速发展为治理的实行提供了技术手段。在这些因素的影响下，20世纪下半叶，在西方社会中，"治理"的概念应运而生了。[①]

西方关于治理理论研究的最早发起者詹姆斯·N.罗西瑙（James N. Rosenau）认为："治理不同于统治，二者之间的区别明显，管理路径完全不同。治理是各种社会活动中所体现出来的管理机制，无论其是否得到正式认可，都能很好发挥管理效应。"[②]与统治相比较，"治理"目标更明确，是利益主体多方共同目标；活动主体可以是政府，也可以是相关机构或者人员；活动不仅包括政府管理的活动，也涵盖非官方管理的活动。

英语中的"治理"（Govenance）一词源于拉丁文和古希腊语，原意是控制、引导和操作，长期以来与统治一词交叉使用。但20世纪90年代以来，全球治理委员会（Commission on Global Governance）对治理做出了新的界定：治理是各种公共或私人机构，管理其共同事务的诸多方式的总合，它是使相互冲突的或不同的利益得以调和并且采取联合行动的持续的过程。此后，治理的概念被广泛地应用到政治、经济和社会的各个领域。[③]治理理论的兴起，给我国管理领域的研究带来了新的研究视角。

2. 西方治理理论的主要内涵

20世纪90年代，我国一些学者开始研究治理。俞可平指出："治理的主要内涵就是公共管理组织在一定的范围内通过公关权力使得公共秩序满足民众需求的一种管理活动或过程，最终实现'善治'，这个组织可以是官方的也可以是民间的"。[④]麻宝斌认为："治理的含义十分丰富：一是治理目标具有多元性，其终极目标是实现社会的和谐发展和可持续发展；二是治理参与主体的多元性，可以是政府、公共组织、企业、民间组织、第三方机构（Third Sector）等；三是治理参与主体之间的依赖性，由于共同的利益致使其形成相对协调的网络关系，同时也使

---

① 俞可平．治理与善治[M]．北京：社会科学文献出版社，2000：16．

② 詹姆斯·N.罗西瑙．没有政府的治理——世界政治中的秩序与变革[M]．张胜军，刘小林，等，译．南昌：江西人民出版社，2001：5．

③ 余晖．行业协会及其在中国转型的发展[J]．制度经济学研究，2003（1）：72-73．

④ 俞可平．治理与善治[M]．北京：社会科学文献出版社，2000：33．

得责任和权利的界限变得模糊；四是治理手段具有多样性，从传统政府管理的强制、控制、压迫等手段，转变为通过互相协同合作的多元网格化管理；五是治理的内容具有公共性，即所有的治理所针对的都是公共组织所发生的公共问题。从某种意义上看，治理理论也可以等同于‘治理’”。①

3. 西方治理理论的主要特征

西方治理理论的主要特征表现在三个方面：

（1）治理主体多元。治理与统治一样需要权威，但不同的是，治理不需要像政府一样，依靠正式规则和官僚等级制的传统权威。治理主体不仅仅是社会，还可以是其他各种社会团体。

（2）治理机制和结构的网络化。治理因为有不同的主体，各主体又是相互独立的，所以它们构成了复杂的治理网络，其集体行动必须依靠其他治理主体。公共治理的利益相关者形成了一个多主体、多层次的网络式治理结构。

（3）治理过程的协调性。治理主要通过主体持续互动、合作、协商等，通过施加影响、整合资源、协调管理三个步骤，通过协调机制来保障理念与效率之间的均衡发展，它不同于自上而下的行政命令。

第二节　地方高校督导体制创新的治理逻辑

高等教育现代化的基础是治理体系的现代化建设，加快推进地方高校督导体制治理现代化建设是新时代对高等教育改革和发展的要求，也是加快高校高质量发展的必然趋势。

一、高校教育督导

治理在本质上是公共事务管理中的物品、服务的供给问题。因此，在从治理的角度来讨论高校督导体制创新之前，首先需要从物品分类的角度来认识和理解

① 麻宝斌．公共治理理论与实践[M]．北京：社会科学文献出版社，2013：10.

高校教学督导的准公共产品及服务属性，只有理解了其准公共产品及其服务属性，才能更好地从治理的角度分析高校督导体制创新问题。

20 世纪 50 年代，美国经济学家保罗・萨缪尔森提出了公共产品理论，他认为:“社会产品主要由公共和私人两种产品组成。公共物品或产品具有非竞争性和非排他性。纯粹的公共产品必须满足三个特征，一是效用的不可分割性，二是消费的非竞争性，三是受益的排他性。由此，现实中纯粹的公共产品或私人产品是极少存在的，大多物品是介于公共产品和私人产品之间的混合物，也就是准公共产品。”①从公共经济角度来看，高校教育督导是相对稀缺的资源，具备竞争性和排他性，也牵涉到相关的利益群体的利益问题；从生产角度来看，高校教育督导产品涉及怎样督导、为谁督导等公共选择问题，其准公共属性不言而喻；同时，高校教育督导的服务在消费上是具有排他性的，根据保罗・萨缪尔森公共产品理论的阐释，高校教育督导服务属于准公共产品。因此，本书把高校教育督导界定为一种能为相关利益群体带来一定收益的准公共物品，这种物品可以由政府（学校）与市场共同提供。

二、地方高校督导体制创新

公共事务产生的问题是治理理论产生与发展的前提，治理理论最终要实现的实践目标是解决问题，以治理理念来进行地方高校督导体制创新，主要表现在以下方面。

1. 以公共治理基本理念来界定地方高校督导体制创新

在治理的理念和框架引导下，地方高校督导体制创新不再只是一整套规则或者一种学校行政行为，而是一个推进高校督导发展改革的过程；地方高校督导体制创新的基础也不再是控制、监督，而是逐渐转变为协商和对话；另外，地方高校督导体制创新既可以是学校等相关部门组织开展的，也可以是其他各种社会中介组织机构组织开展的。总之，地方高校督导体制创新不再只是一种官方正式的

① 保罗・萨缪尔森．微观经济学[M]．消琛，等，译．北京：华夏出版社，1999：268.

制度或者行政安排，而是一场由学校主管部门、教师、学生、社会用人单位及其他社会组织围绕高校督导发展共同展开的博弈。

2. 以多元主体权力中心来调整地方高校督导体制创新权力结构

具体而言，一方面，地方高校督导体制创新作为一项重要的公共事务，要从单一学校权力中心逐步演变为多元主体权力中心，一起共同治理地方高校督导体制创新；另一方面，要从过去反映计划经济时代要求的行政管理范式转变为当前反映社会公共利益的公共治理范式，通过各权利主体在法律规定的权力范围内各司其职、互相支持，形成一个政府协调、高校自主、社会参与的多层次管理网络模式。

3. 以合作伙伴关系来构建地方高校督导体制创新治理主体间的协商合作机制

协商合作机制的实现不再依赖强制性、支配性和惩罚性，而取决于社会组织机构和社会公众的认可与支持。因此，首先，要明确界定政府、社会及其他各权力主体参与地方高校督导体制创新的职责与权限；其次，要承认各权力主体的利益需求，完善利益诉求渠道，同时也要防止各权力主体陷入过分追求自身利益的困境。

三、治理与地方高校督导体制创新的内在契合

治理作为一种管理理念和逻辑框架，强调主体多元化、公共权力分散化、制度常规与法治化。高校教育督导、地方高校督导体制创新作为大众公认的准公共产品，存在着一定的复杂性，所以，探寻治理理念的价值并契合地方高校督导体制创新，能为完善地方高校督导体制提供新的思路和策略。

（一）参与主体的多元化

治理的核心内容是引入多元化主体、利益相关者，强调利益相关者、社会大众对公共事务的治理权。从外部视角来分析，高校教育督导作为一种准公共产品，学校并不是其唯一的供给主体。高校督导部门作为唯一的治理主体，已经越来越不能适应现实情况，诸如，缺乏服务精神、工作效率低下等缺陷越来越明显，严重影响高校教育质量。因此，在高校督导管理领域中，高校本身不再是唯一的合

法性管理主体，各种社会中介组织、被管理者、学生及普通的社会公民个体在高校督导管理体制中都有参与管理并表达自己意愿的权利。

（二）公共权力的分散化

治理同样需要以权威为基础，但这种权威不是高校督导管理行政意义上的权威，而是建立在多元治理主体共同认可基础之上的权威。

权力的去中心化意味着对地方高校督导部门相关权力进行一定程度上的重组，对于传统地方高校的相关利益主体，由于缺乏监管高校督导质量的有效途径，其合理诉求难以得到实现。督导治理主体权力的分散，主要体现在纵向与横向两个方面：纵向上使相关职能部门获得自治权力，横向上使相关利益主体组织等获得一定权力。从而形成权力主体多元化，增加各治理主体管理能量。建立全员参与机制，地方高校督导体制创新过程才能更透明，地方高校教学质量问题才能被广泛关注，最终才能达到提高教学质量的目的。

（三）制度完善的保障性

所谓制度，通常情况下特指某种行为规范，是一种强制力和权威的象征。其目的是保障主体权力运行规范，激发全员参与。制度完善的关键是有效可行，“有效”指的是制度的成效性。如果制度相互矛盾，或者没有经过相关利益主体商讨论证，那就必然会导致工作的执行不畅。地方高校督导体制作为一个组织整体，应当建立完整统一的督导制度体系，用制度体系来严格规范组织运行。

（四）组织结构的完整性

地方高校督导体系创新，就是设计一个较为优秀的运行模式、操作制度及流程运作。当前地方高校督导组织结构出现问题的根源在于组织动力的偏离，因此需要从调整内部结构、再造运行模式等来改善组织结构。

（1）决策层。决策层的主要任务是为了提高地方高校督导体制的效率而采取宏观调控，主要通过战略决策、资源整合及沟通协调等措施来实行调控，从而促进督导工作的发展。

（2）执行层。执行层的任务是依据督导治理实现的过程而采取相应的管理模式，加强顶层设计和职能设计，保障各相关利益主体在执行过程中分别承担不同的责任。

（3）监督层。监督层的任务是建立长效机制，最大程度实现全员全程参与，保障各项工作的顺利实施。

治理的最终目标是达到“高校督导善治”的境界，即实现高校本身资源效益和利益最大化，使教学质量更佳。

第三章　基本问题：地方高校督导体制创新的相关问题研究

恩格斯指出："一个民族想要站在科学的最高峰，就一刻也不能没有理论思维"。[①]对于地方高校督导体制研究，也必须先认识其基本问题，对其基本问题进行研究。地方高校督导体制创新的基本问题主要是：地方高校督导体制的内涵与性质；地方高校督导体制的要素与方向；地方高校督导体制的专业化与规范化；地方高校督导体制的本质特征与价值取向。通过对基本问题的研究，拟对我国地方高校督导体制改革创新的趋势予以展望。

第一节　治理视域下地方高校督导体制创新的内涵

要对地方高校督导机制进行准确定义和性质识别是较为困难的，一方面是因为地方高校督导机制的理论研究和实践运用本身就在不断发展之中，另一方面是因为研究者各自的立场、观点不同，因此难以获得完全一致的意见。但随着地方高校督导机制的理论研究和实践探索的持续深入，人们对地方高校督导机制的内涵和性质认识逐渐趋同。

一、督导的内涵

关于督导的含义，教育家顾明远是这样解释的："近现代完全意义上的教育督导制度，发轫于西方国家。'督导'一词译自 inspection，其词意指'检查''检验'

① 华东师范大学教育系．马克思恩格斯论教育[M]．修订版．北京：人民教育出版社，1986：186．

‘检阅’‘审视’‘视察’。inspector 指‘检查员’‘视察员’‘督察员’‘检阅者’，通常是在强调和突出检查监督作用时使用。”[①]黄崴认为：“教育督导是由教育督导组织及其成员根据教育的科学理论和国家的教育法规政策，运用科学的方法和手段，对教育工作进行监督、检查、评估和指导，以期促进教育效率和教育质量提高的过程。”“从历史来看，20 世纪 60 年代主要强调教育督导在课程方面的作用，在 20 世纪 70 年代则重视教育督导在管理方面的作用，在 20 世纪 80 年代，教育督导所关注的是对教学的管理，以适应教育法治建设和社会公众对教育的需要。这说明对教育督导概念的界定需要考虑社会和经济因素，同时表明教育督导概念是随着社会发展而发展的。”[②]

对高校教学督导的理解虽然有不同的观点，但在现阶段，高校教学督导的基本内涵包括以下要点：高校教学督导是一种组织行为，不是个人行为；其工作对象主要是与教学相关的一切因素；督导部门、督导人员具有某项权利或权威，但并没有行政权；督导部门、督导人员的主要职责是监督、评价与建议，将督导信息反馈给学校行政部门、被督导者或者其他利益相关者。引申开来，本书认为，高校教学督导就是学校、督导部门或者督导专家按照按照国家、学校的教育方针、政策，对照本校人才培养目标，按照一定的质量标准，为提高本校教学质量而实施的自我质量监督、评价及教学指导实践行为。

二、治理视域下地方高校督导体制的内涵

中共中央办公厅、国务院办公厅于 2017 年颁布施行的《关于深化教育体制机制改革的意见》（以下简称《意见》）指出，全面贯彻党的十八大和十八届三中、四中、五中、六中全会精神，全面贯彻党的教育方针，坚持教育为人民服务、为中国共产党治国理政服务、为巩固和发展中国特色社会主义制度服务、为改革开放和社会主义现代化建设服务，全面深化教育综合改革，全面实施素质教育，全面落实立德树人根本任务，系统推进育人方式、办学模式、管理休制、保障机制

① 顾明远．外国教育督导[M]．北京：人民教育出版社，1993：110．

② 黄崴．现代教育督导引论[M]．广州：广东高等教育出版社，1998：2-4．

改革，使各级各类教育更加符合教育规律、更加符合人才成长规律、更能促进人的全面发展，着力培养德智体美全面发展的社会主义建设者和接班人，为实现“两个一百年”奋斗目标、实现中华民族伟大复兴的中国梦奠定坚实基础。

《意见》指出，深化教育体制机制改革的基本原则是：（一）坚持扎根中国与融通中外相结合。继承我国优秀教育传统，立足我国国情，遵循教育规律，吸收世界先进办学治学经验，坚定不移走中国特色社会主义教育发展道路。（二）坚持目标导向与问题导向相结合。坚持以人民为中心，着眼促进教育公平、提高教育质量，针对人民群众反映强烈的突出问题，集中攻坚、综合改革、重点突破，扩大改革受益面，增强人民群众获得感。（三）坚持放管服相结合。深化简政放权、放管结合、优化服务改革，把该放的权力坚决放下去，把该管的事项切实管住管好，加强事中事后监管，构建政府、学校、社会之间的新型关系。（四）坚持顶层设计与基层探索相结合。加强系统谋划，注重与《国家中长期教育改革和发展规划纲要（2010—2020 年）》等做好衔接。尊重基层首创精神，充分调动地方和学校改革的积极性主动性创造性，及时将成功经验上升为制度和政策。

地方高校督导体制作为文化教育体制的一部分，其实质是学校或者督导部门运用相关学术权威或者行政权力，适度调整地方高校内部关系，协调学校内部、社会各方利益，维护高校教学秩序和教学质量，实现高校可持续性发展的一种制度建设及实践行为。

第二节　治理视域下地方高校督导体制创新中的要素与方向

高校教学督导体制是一个复杂系统，在整个高校中具有重要地位，将决定和影响地方高校的教学质量。

一、地方高校督导体制创新的要素

治理视域下地方高校督导体制作为一个整体的不断变化的复杂系统，其创新过程是复杂的，本书将地方高校督导体制创新要素系统分为治理主体、治理条件、治理方法、治理信息和治理实践等五个大的层面。

（一）治理主体

地方高校督导体制创新关涉的人员主体较多，主要包括作为直接相关治理主体的督导专家、教师、学生、管理人员，以及作为非直接相关治理主体的用人单位、评估机构、教育行政部门、家长、媒体、社会公众等。

（二）治理条件

地方高校督导体制创新能够顺利实现，势必首先具备一些基本治理条件。这些条件包括开展督导活动必需的一些硬件条件和软件条件。硬件条件主要指开展督导活动运作所需要的基本物资资源，如购买网上督导系统等，而这些条件相对较为固定，在督导活动开展过程中其性质往往不受或较少受人为主观意志的影响；软件条件主要指保证督导活动运作过程的基本特质要素，包括人才培养目标、教师评价标准、督导制度等一些无形条件资源，而这类要素资源在治理过程中的性质和内容常常会因人而异。

（三）治理方法

在地方高校督导体制创新中，在哲学观方面，在督导体制创新实践中，马列主义的思想观点，同样适用于地方高校督导体制创新的实践，可为各治理主体治理方向的确定、目标的选定等提供方法论基础；在方法方面，特殊管理方法主要是运用于与督导领域相关联的具体管理方法和技术，需具备专业知识，不断探索和挖掘适用于地方高校督导体制创新的方法，是在公共意义层面推进地方高校督导体制创新有效实现的路径之一。

（四）治理信息

地方高校督导体制创新的信息要素主要指在督导活动开展中的相关信息，包括督导活动开展信息、督导活动信息的搜集和督导活动信息的反馈等。

（五）治理实践

地方高校督导体制创新是在教学质量督导实践活动的基础上形成的。地方高校督导体制创新管理的要素主要由督导制度管理、督导主体人员管理、督导活动行为管理等方面构成。

由此看来，治理视域下地方高校督导体制创新的要素系统相对来说是复杂的和多变的，在实践工作开展中要相应地把握好度。

二、治理视域下地方高校督导体制创新的方向

治理是以实现和维护多元利益为目的，发挥多元治理主体的作用，针对出现的问题，完善体系，化解矛盾，促进公平，推动组织有序和谐发展的过程。治理具有很强的战略指导性和问题针对性，为实际行动提供了导航作用。①

（一）诊断地方高校督导体制中出现的问题是地方高校督导体制创新的前提

我国在治理体系和治理能力方面还有许多不足，有许多亟待改进的地方。而这些亟待改进之处产生的原因在于缺乏治理意识。我国高等教育作为公共产品，也缺乏这种意识。现阶段我国在加快推进经济、社会、教育发展方式变革过程中，必然面临高校利益格局深刻调整、教育公平问题突显、教师与学生供需矛盾加剧等现实难题，能否正确处理这些问题，特别是地方高校督导体制问题，是构建高校教育治理体系的基础，也是提升高校治理能力的前提。

（二）加强地方高校督导体制建设是推进地方高校督导体制创新的基础

应全面推进高校督导体制治理现代化。对于地方高校来说，学校也应加快完善学校督导体制内部治理结构，要从管理走向引领，从标准走向个性，从制度走向文化，从行政走向学术，从资源走向开放。从督导治理主体来说，一方面，要把教学自主权还给教师；同时，要激发学生参与学校督导事务的热情；此外，要带动家长、就业单位等一起参与学校督导活动，构建一个全方位的督导治理主体。另外，要通过完善相关法制和学校的章程来完善学校督导制度，进一步推进督导信息公开等。这些将从根本上改变原有的以控制为主要诉求的高校督导管理体制。提供高校督导公共服务，也包括其他组织的培育、督导行为规范和督导服务的培育和养成，这既是高校督导体制治理的核心内容，也是高校治理现代化的基础。

---

① 姜晓萍．国家治理现代化进程中的社会治理体制创新[J]．中国行政管理，2014（2）．

（三）促进地方高校中各方协调参与是地方高校督导体制创新的核心

从高校管理到高校治理，最大的区别就在于治理主体多元化。治理手段由刚性管制向柔性服务转变，治理空间由平面化向网络化转变，治理目的由工具化向价值化转变。高校督导体制创新的基本特征如下所述。一是高校督导体制运作流程不再是单一的、自上而下的，而是互动的、多向度的，督导部门及督导专家成为了服务者。二是督导主体趋于多元化。督导部门与各种组织一起形成协作网，形成多元协同治理机制，促使各方共同受益。三是督导治理方式。督导治理方式要以合作与协商为主，高校督导体制创新必须建立一个以协作为特征的、多元统一的高校督导治理结构。由此可以看出，高校督导体制创新就是构建高校及其督导部门负责、各方协同、学生及家长参与、法治保障的治理格局。

第三节　治理视域下地方高校督导体制创新中的专业化与规范化

专业化是社会分工的产物，是社会进步的标志，是提高社会治理水平的必然要求。规范是指相应的行为和活动要有章可循，要有一定的标准和规范；规范化是指人员实践行为和活动符合所确立的标准和规范的过程。治理视域下地方高校督导体制创新的专业化与规范化，首先是指督导部门、督导治理主体的专业化，其次是指督导部门、督导治理主体要有良好的法治意识、道德规范、服务水平等。

一、地方高校督导体制创新中的专业化

教学督导作为学校的一种特殊工作，有自己的专业性，相关专业行为为地方高校督导体制创新建设提供了一种思维角度。

（一）督导部门专业化

由于教学督导具有检查、监督、评价职能，必须对评价者做出客观、公正的评价，因此，督导部门的专业性必须要强。督导部门的专业性主要体现在教学督

导组织独立于教学组织。我国高校教学督导工作的组织形式目前有三种。

（1）在校长、院长授权下的一个参谋咨询机构、信息反馈机构、教学指导机构、检查监控机构、鉴定评价机构。

（2）职能处室型。这种模式把教学督导部门定位为行政管理的一个处级单位。①

（3）依附于教务处，配合教务处开展工作。

从地方高校督导工作实践来看，第一种督导开展模式更有利于发挥督导功能，第二种模式中的教学督导部门与教务处容易“各唱各的调，各吹各的号”，第三种模式中的教学管理部门既是“裁判”又是“运动员”，职责不分，只能使督导流于形式。②治理视域下的地方高校督导体制创新，督导部门的专业性在于要独立于教学管理组织，只有这样，督导部门或者督导专家在实施检查、监督、评价的过程中，才能真正做好监督，才能专业性强、独立性强、权威性高，督导工作才能真正公平、有效展开，认可度才高。

（二）督导人员专业化

当前，地方高校的督导成员主要是本校退休教师，或者退休行政管理干部，或者外校退休的教师，这些教师的学术成就很大，但在督导工作的专业性上还需加强。总地来讲，教学督导人员在督导工作的专业性上主要包括专业权威、教育权威、人格权威。

1. 专业权威

要做好督导工作，督导专家必须要有过硬的专业能力，比如要有相关著作、相关证书等；校外督导主体人员应当是高级技术员、工程师、技术部门的经理等。各位督导主体要有多年的专业教学或工作经历，了解当前专业发展的水平和趋势，了解行业人才需求、行业最新动态，了解学生思想动态等情况，了解学校、院系等的发展情况及发展目标等。

---

① 宁波大学教学督导委员会. 关于大学教学督导的实践与认识[J]. 宁波大学学报教育科学版，2002，24（6）：46-48.

② 孙泽文. 高校教学督导工作的路径探析[J]. 教育与职业，2005，27.

2. 教育权威

教学督导人员应掌握教育管理、教育学、心理学等方面的知识，教学设计经验要丰富，要有较高的思想高度，要能够快速发现学校、教师等在教学管理及教学中存在的问题，要了解本校人才培养方案、课堂教学、实践教学、毕业设计等各方面的状况，要了解教师特别是青年教师在成长过程中会遇到的问题，要能够进行客观、深入的分析，能够快速找到问题的根源，提供解决方案。

3. 人格权威

督导人员的专业性还体现在其人格方面。督导人员要严谨、公正，坚持原则，严格依照督导标准客观、公平地评判教学，不徇私、不武断、不主观。同时，督导人员还应具有民主的工作作风，在督导过程中能够充分听取教师的意见，鼓励教师畅所欲言，在听取问题时要真实诚恳，提供建议时要循循善诱。最后，督导人员应当乐于从事督导工作，乐于帮助教师成长，热爱教育事业，在学生中有威信。

二、地方高校督导体制创新中的规范化

治理视域下的督导体制规范化是指根据督导工作运行的需要，合理地制定相关制度及工作流程，形成统一规范和相对稳定的动态平衡，通过对督导运行工作体制的不断完善，达到地方高校督导工作井然有序、协调高效的目的。

（一）督导职能规范化

教师教学、学生学习、管理部门管理是影响高校教学质量的基本点，高校教学质量如何，主要依靠教师的“教”、学生的“学”和行政管理部门的“管”三者的密切配合。因此，督导部门工作职能归纳起来，可用督教、督学、督管概括。

1. 督教

这里的“督教”就是对教师的总体教学情况的督查．对教师的教学准备情况进行督查；对教师的教学水平、教学质量进行督查，并定期作出评价；对考试全过程、毕业论文、实践教学等教学各环节进行督查等。

2. 督学

督学就是对学生的学习情况，包括对学生对教学工作的满意度进行调查；对学生关于学校提供的学习环境、教师教学的意见和建议进行督导检查；对学生的学习效果及投入度、学生到课率、课堂学习态度及状况进行督导检查等。

3. 督管

督管包括对学校制定的人才培养目标、模式、规章制度等的执行情况进行督查，提出咨询建议；对各教学支持系统、教学环境及条件准备，包括教室（含教学设备）和实验室准备、教学设施运行等管理情况进行督导检查；对各教学管理干部的履职情况进行督导检查等。

（二）督导制度规范化

在治理视域下实施依法督导。督导制度的规范化非常重要，具体来讲，包括以下方面。

（1）考核制度规范化。为了保证教学督导工作顺利开展，要对督导专家的思想政治情况、业务能力、工作的实际开展情况、考勤情况等实施目标管理和过程管理，建立教学督导专家信息资料库。

（2）例会制度规范化。各种研讨会、交流会、座谈会、工作例会等是督导专家沟通信息、交流经验、提供咨询的重要组织形式。这些组织形式既有利于沟通，又有利于创意的产生。将会议上反馈的信息进行综合、归纳、分析、处理，使最终得出的解决方案是最优的或最合适的。会议的召开要形成制度，不能想开就开。

（3）学习制度规范化。党的十七届四中全会通过的《中共中央关于加强和改进新形势下党的建设若干重大问题的决定》中指出：“世界在变化，形势在发展，中国特色社会主义实践在深入。”各教学督导有较高的理论水平和丰富的教学实践经验，有较强的行政和业务能力，但是，面对新形势，也必须不断学习，提高自身素质。前教育部部长周济在第七届国家督学会议上讲话指出：“国家督学应首先是学习者，要做学习的模范，国家教育督导团也应成为学习型组织。希望每位国家督学都成为有较高教育理论修养，有较强的政策水平，能够胜任教育督导工作的有权威的专家。”这对于高校的教学督导同样是适用的，也应该形成制度，高校教学督导机构也应建设为学习型组织。

第四节 治理视域下地方高校督导体制创新的本质特征与价值取向

良好的体制必然是一个平衡的系统，这种平衡是借助多种机制或者制度安排来实现的。而地方高校督导体制创新正是这样一种制度安排。地方高校督导体制具有独立的本质特征。

一、治理视域下地方高校督导体制创新的本质表征

在治理视域下地方高校督导体制创新内涵界定的基础上，其本质特征主要为如下几点。

（一）治理视域下地方高校督导体制创新治理的主体具有全员性

由于地方高校督导体制是一个完整的系统，治理视域下地方高校督导体制创新治理的主体可以是利益相关方，也可以是利益非相关方。利益相关方如督导部门、教师、学生等，主要通过直接的方式参与督导行为过程治理，并在其中发挥主导性作用；而利益非相关方，如就业单位等，则以间接的方式参与地方高校督导行为，并在其中发挥辅助性作用。

（二）治理视域下地方高校督导体制创新治理的方式具有全面性

高校督导对高校教学质量具有很大的调节作用，与教学各环节相对应，运行于教学各环节，从联系的主体来讲，与学校的后勤、图书馆等教学支持系统也联系紧密，给教学管理方面的决策与改进提供信息支撑，因而具有全面性。

（三）治理视域下地方高校督导体制创新治理的过程具有全程性

现代治理理论尤其强调管理的全程性、持续性和系统性，因而治理视域下地方高校督导体制创新治理也必然为全程性管理。督导体制创新是一个集输入、过程和输出于一体的全程性系统活动，因而对地方高校督导体制创新的过程性管

理和把控，不仅要实现事前预防和事中控制，还要实现事后把关，使治理具有全程性。

（四）治理视域下地方高校督导体制创新治理的内容具有工作导向性

强化地方高校督导，推进高校教育治理体系和治理能力现代化，需要进一步完善督导体系，转变督导方式，加强督导部门建设，充实督导队伍力量，提高督导工作规范化、专业化水平。做好督导重点工作，完善督导报告发布和限期整改制度等，对具体督导工作的开展具有工作导向性。

二、治理视域下地方高校督导体制创新的价值取向

党的十八届三中全会不仅对创新社会治理体制的主要任务做了具体部署，也让我们领悟到治理的核心价值诉求。治理视域下地方高校督导体制创新的价值取向如下所述。

（一）地方高校督导体制创新的价值目标是多元融合

地方高校督导体制创新是一个关乎众多相关者利益的复杂系统，推进地方高校督导体制创新必然要实现各相关者利益目标的协调和利益关系的协同，因而，地方高校督导体制创新的价值目标应当是一种多元融合的目标体系。

1. 地方高校督导体制创新的效果目标

治理视域下地方高校督导体制创新的效果目标是最为直接和最易达成的。地方高校督导体制的预期主要是各治理主体治理动机的集结，而在地方高校督导体制创新主体构成中，不同治理主体因各自的利益诉求不同而拥有不同的质量治理动机。首先，从直接治理主体来看，督导部门、督导专家有在此过程中获得自我价值实现的成就性内部动机，也有通过获取更多工资报酬的外部动机。其次，从其他利益相关者（如企业）来看，参与地方高校督导体制的动机主要体现在其直接动机和间接动机两方面，企业参与地方高校督导体制的直接动机主要在于，在校企合作过程中，提升企业自身的品牌影响力。再次，从学生来看，参与治理能够有效提升学生在教学中的主体地位，使学生获得自我价值体现的内部动机；学生参与督导治理也能够保证学生学习需求的实现。

诚然，不同的治理主体因其治理动机不同，对地方高校督导体制效果的认定也不尽相同，因而地方高校督导体制的效果目标也即是推进多元治理主体利益的协调，并在此基础上实现各治理主体治理动机的有效整合，从而获得形成一致合力，共同推进地方高校督导体制创新效果提升的直接作用。

2. 地方高校督导体制创新的效益目标

地方高校督导体制创新的效益目标，是指地方高校督导部门、督导专家在同等劳动情况下，产出多于投入。诚然，地方高校督导体制效益的高低反映了地方高校督导体制治理水平的高低，这便需要地方高校督导体制各治理主体通过共同的治理活动，同时减少治理劳动的投入、占用、消耗，并提升劳动产品的输出。通过地方高校督导体制创新中的治理主体全员参与、全过程控制、全方位保障，实现教学质量相关者综合利益的最大化。

（二）地方高校督导体制创新的价值判断是多向共生

地方高校督导体制创新以工作过程为导向，强调集合需要性、合标准性、合目的性、合发展性，强调有效整合、全员共同参与、融合共生的价值判断。

1. 地方高校督导体制创新的意义在于合需要性

地方高校督导体制创新的目的在于满足地方高校督导体制利益相关者的利益需要，从而实现公共利益的最大化。而这种地方高校督导体制的价值判断，则一定程度地反映在对各方需求的满足程度上。当然，满足各方需求只作为价值判断的重要指标，而非唯一指标。这种合需要性的质量价值判断取向，表现的是各方主动参与内生性意义的达成，而非受外在力量的强行干预和控制。

2. 地方高校督导体制创新的方向在于合目的性

地方高校督导体制创新是否合目的性，其价值判断取向是指各地方高校教学督导工作在促进人和社会发展上的意义，主要指各地方高校督导工作的开展能在多大程度上满足受教育者、其他利益主体的内生目的，从而确保地方高校督导体制创新合目的性的实现。

3. 地方高校督导体制创新的效益在于合标准性

在地方高校督导体制创新管理领域，合标准性的质量价值判断也即地方高校督导工作的标准化。通过建构一套科学合理的标准化体系，将地方高校督导体制层面的各要素、指标与质量标准进行比对，各质量治理要素与质量标准间匹配度越高，其质量价值也就越高。合标准性的质量价值判断可以有效提升地方高校督导体制价值判断的效率和效益。

（三）地方高校督导体制创新的价值选择是多维整合

多向共生的地方高校督导体制价值判断，决定了地方高校督导体制价值选择的多维性。地方高校督导体制推崇一种集合需要性、合目的性、合标准性于一体的地方高校督导体制的价值判断，而要推进地方高校督导体制价值选择与之相适应，地方高校督导体制创新就应立足于对高等教育教学提供服务的层面。高等教育提供的服务越周到，越符合社会公众的需求，社会对高等教育的价值选择点就越多，也就为社会对该学校进行价值选择提供了重要支撑。

第四章 困境阐述：地方高校督导体制现状审视

目前，世界各地都越来越重视教育督导，并力图通过教育督导的发展来推进本地教育发展。因此，我们有必要在梳理我国教育督导体制、高校督导体制机制的发展演化，审视我国教育督导、高校督导体制机制现状与问题的基础上，主动汲取经验，立足实际，走一条可持续发展的地方高校督导体制创新之路，这是我国地方高校督导体制改革创新发展必须解决的首要问题。

第一节 我国教育督导制度的发展演变历程

我国对教育历来极其重视，作为配套的教育督导制度，也是历史悠久，极具中国特色。中华人民共和国成立后，政府颁布的各项教育法律、教育政策，印发的教育文件及国家领导人关于教育的讲话，都突显了国家对教育的重视。这些政策为我国全面提升教育治理能力，完善教育督导制度，包括高校督导体制机制创新，指明了前进的方向。

一、晚清前的教育督导

督导制度在我国历史上的历程非常清晰。汉代以前教育经验的著作《学记》记载的有“天子视学”“王亲视学”；从汉、魏晋、隋到唐代，也有许多“帝王视学”的类似记载。宋代设有教育视察、监督机构，并有专门职官。明代已逐渐形成制度，设提学御史主管京畿巡视，在地方设提督学道，而且对任职者的资历、学位的要求是比较高的，对巡视和考察也做了详细的统一规定，提督学道三年一任，任期内必须有两年外出巡视。清代康熙以后，改称提督学政，简称“学政”，负责管理一省学政事务，一般非翰林出身不可，即便从京官中选任，也是非进士出身不可，出巡则同钦差大臣。①

在我国晚清前的教育督导制度中，封建帝王往往直接管理教育活动。从本质上讲，封建帝王把教育看作重要的统治工具，比如，汉代的历代帝王都很注意去太学“幸学”；隋唐以后，教育督导制度直接同科举制度联系在一起，主要是帮助帝王“督率教官代导诸生”和监督弹劾考试中的舞弊行为。从职能上讲，这种教育督导主要是为“封建帝王服务的”。②与从现代意义上所说的教育督导相比，本质完全不同。

二、晚清时期的教育督导

晚清政府也想维新革命，奋发图强，于是派遣留日学生学习日本教育，在思想引领上，这些留学生先后翻译了一些日本的有关著作，诸如《视学提要》《教育行政》等，开始从日本引进近代教育督导的观念和制度。

（一）晚晴时期的督导组织及督导人员

在组织上，光绪三十一年（1905），成立了学部。光绪三十二年，“拟设视学官，无定员，约十二人以内，秩正五品视郎中，专任巡视京外学务”，并设京师督学局，督率京师各类学校；同年，省也设省视学官，“巡视各府厅州县学务”，由“曾习师范教育或出洋游学者充当”；各州县设劝学所，设置视学一人，“即当佐各厅州县城内地方官监督办理学务”，由此产生了我国县一级的近代视学制度。视导人员有一定的待遇规定和违规处罚规定。

（二）晚清时期的督导制度

随着废除八股、科举，提倡新学，中国近代的视学制度诞生了。1909 年 10 月，学部又向清朝廷上呈学部拟订的视学官章程，这个章程可以说是我国第一部近代的视学法规。章程规定，全国划分为 12 个视学区，每区有 1～3 省，按年派遣部视学巡回视察，3 年内每省必视察一次。随之，各省也先后建立了视学制度。①

---

① 宏亮. 我国教育督导制度的历史沿革和现状[J]. 北京师范学院学报（社会科学版），1991（4）.

② 黄崴. 现代教育督导引论[M]. 广州：广东高等教育出版社，1998（05）：8.

三、中华人民共和国成立后的教育督导

中华人民共和国成立后的教育督导制度的发展，经历了建立、中断、重建、完善与特色化发展四个阶段。

（一）教育督导制度的建立

1949 年 11 月 1 日，中央人民政府教育部成立。教育部设办公厅、高等教育司、中等教育司、初等教育司、社会教育司、视导司。视导司的工作任务主要是视导工作，并配备视导员，检查各大行政区对于中央人民政府的各项教育政策、决议、指示的执行情况。这标志着中国现代教育督导制度的建立。

（二）教育督导制度的中断

从 1958 年起，教育督导制度逐渐被淡化、削弱，教育督导活动慢慢变少，业务由相关职能部门代替行使，直至完全停顿。此后，随着我国政治生活的变化，在相当长的一段时期内，在我国教育体制里，没有专业的教育监控和反馈系统，只有决策、指挥系统和执行系统。但是并不意味着停止了教育视察工作，只是这项工作没有专门机构和专职人员负责，对教育的监督、反馈很随意，缺乏规范性。

（三）教育督导制度的重建

1. 重建四级督导网络

1978 年，教育部成立巡视室，并在中学司设视导室。1981 年后，各级教育行政部门开始恢复视导员制度或督学制。1983 年，教育部要求县以上教育行政部门设立督学机构。1984 年，教育部设视导室，聘请第一批视导员，负责巡视、检查和指导帮助全国各地的普教工作，我国教育督导工作逐渐步入正轨。1986 年，教育部视导室更名为国家教委督导司。至 1990 年年底，全国已有 29 个省、直辖市、自治区和 90%以上地（市）、60%的县（区）建立了督导机构，初步形成了从中央、省到地区、县四级教育督导网。[①]

① 黄威．现代教育督导引论[M]．广州：广东高等教育出版社，1998：15-40.

2. 督导制度的重建

1984 年，视导室起草《中小学和学龄前教育视导工作暂行章程（征求意见稿）》，对教育督导的性质、范围、内容，以及视导员应具备的条件等做了规定。教育督导制度得以正式恢复与重建。1986 年 9 月，国务院办公厅要求逐步建立基础教育督学（视导）制度。1988 年，时任国家教委主任李铁映批示："要建立学校督导制度，建立督导条例。" 1991 年，国家颁布《教育督导暂行规定》，这是我国教育督导制度恢复后第一部关于教育督导的专门制度。

3. 督导职能的确立

1988 年，李铁映批示："要强化教育督导制度，不仅要督学，而且要督政。"《教育督导暂行规定》规定，教育督导的性质是"行政监察"，对象是"下级人民政府的教育工作、下级教育行政部门和学校的工作"，任务是"监督、检查、评估、指导"，范围是"中小学教育、幼儿教育及其有关工作"。可见，《教育督导暂行规定》明确了教育督导机构的督政与督学职能，并将督政作为教育督导的重点工作。

（四）社会主义新时代教育督导制度的完善与特色化发展

1993 年，党和国家最高决策层对教育督导工作第一次做出重要决定，以中共中央、国务院名义印发了《中国教育改革和发展纲要》，明确指出："要建立检查、监督和奖惩制度，加强对中小学校工作和教育质量的检查和指导。"

1. 督导机构层次越来越高

1998 年，国务院批准印发《教育部职能配置、内设机构和人员编制规定》，教育督导团办公室成为教育部 18 个职能司（厅、室）之一。1999 年，国务院在《面向 21 世纪教育振兴行动计划》中要求"进一步加强教育督导工作，健全督导机构，完善督导制度"，并赋予督导工作更大的督政职能。截至 1998 年年底，全国 31 个省（自治区、直辖市）全部成立教育督导团（室）。

2012 年，国务院教育督导委员会成立，该机构是首次成立的国家最高级别的教育督导机构。2016 年，教育部教育督导团办公室更名为教育督导局，加挂国务院教育督导委员会办公室牌子。

在督学队伍建设方面，截至 1998 年年底，全国基本建立起专职与兼职、行政型与专家型相结合的督导队伍。2016 年，教育部印发《督学管理暂行办法》，对各级督学队伍的选拔、聘任、培训、考核、监督等作出规定，督学队伍也逐渐年轻化、专业化。

2. 督导法治越来越权威

1995 年，《中华人民共和国教育法》规定："国家实行教育督导制度和学校及其他教育机构教育评估制度。"2006 年，新修订的《中华人民共和国义务教育法》规定："人民政府教育督导机构对义务教育工作执行法律法规情况、教育教学质量及义务教育均衡发展状况等进行督导，督导报告向社会公布。"

2012 年，我国第一部专门的教育督导法规——《教育督导条例》颁布。该法规的颁布，提升了督导的权威性。《教育督导条例》主要明确了以下五个方面的内容。

（1）督导机构是人民政府的机构，独立行使督导职能。

（2）将各级各类教育纳入督导范围，督导对象扩展到下级政府及其职能部门、各级各类学校和教育机构。

（3）国家实行督学制度，为督学队伍逐步走向专业化轨道奠定了法律基础。

（4）规范了教育督导的类型和程序，把教育督导分为综合督导、专项督导和经常性督导三类。

（5）督导报告应作为对被督导单位及其主要负责人进行考核、奖惩的重要依据。

3. 基础教育领域"三位一体"教育督导体系不断完善

（1）督政。2017 年 5 月，国务院办公厅印发《对省级人民政府履行教育职责的评价办法》，规定评价内容包括省级人民政府贯彻执行党的教育方针情况，落实教育法律、法规、规章和政策情况，各级各类教育发展情况，统筹推进本行政区域教育工作情况，加强教育保障情况，学校规范办学行为情况。

（2）督学．1997 年，国家教委颁发《普通中小学校督导评估工作指导纲要》，各地教育督导部门积极响应，纷纷建立起中小学校督导评估制度与督学责任区制度。2013 年，国务院教育督导委员会印发《中小学校责任督学挂牌督导办法》，此项工作开展后，责任督学、挂牌督导已覆盖全国近30万所中小学校，全国中小学责任督学挂牌督导工作格局基本完备，学校规范办学得到基本保障。

（3）评估监测。从2003年开始，国家义务教育监测项目和教育部基础教育监测机构相继启动。2015年，国务院教育督导委员会办公室出台《国家义务教育质量监测方案》，我国首次建立起义务教育质量监测制度。2015—2017年，我国完成了学生数学、体育、语文、艺术、科学、德育学习质量及相关影响因素的首轮国家监测，采集到义务教育阶段学生学习质量状况的第一手数据。可见，我国督政、督学、评价监测“三位一体”的教育督导体系在实践中不断完善。

4. 高等教育督导评估越来越完善

（1）20世纪70年代末期，国家领导层虽然明确指出了督导可以首先在重点大学试一试，但是在当时条件下，我国教育督导工作的重点还是在基础教育领域。

1985年，《中共中央关于教育体制改革的决定》中要求“教育管理部门还要组织教育界、知识界和用人部门定期对高等学校的办学水平进行评估，对成绩卓著的学校给予荣誉和物质上的重点支持，办得不好的学校要整顿以至停办”。

但是，在20世纪90年代前，我国教育督导的范围主要限于基础教育。1990年10月31日，国家教育委员会发布《普通高等学校教育评估暂行规定》，该规定是迄今为止唯一一部有关高等教育评估活动的专门性法规。

1999年，高校扩招后，教学质量显著滑坡，基于此，《中华人民共和国高等教育法》规定：“教育行政部门负责组织专家或者委托第三方机构对高等学校的办学水平、效益和教育质量进行评估”。

2001年，教育部颁布《关于加强高等学校本科教学工作、提高教学质量的若干意见》，指出：“政府和社会监督与高校自我约束相结合的教育质量监测和保证体系，是提高本科教育质量的基本制度保障”。2004年，教育部在《2003—2007年教育振兴行动计划》中提出“实行以五年为一周期的全国高等学校质量评估制度”，这标志着我国高校教育督导制度迈出重大步伐。

2011年，教育部发布《关于普通高等学校本科教学评估工作的意见》，从政策上确立了新的“五位一体”本科教学评估制度，包括自我评估、院校评估、专业认证与评估、状态数据常态监测、国际评估。2013 年，教育部颁布《关于开展普通高等学校本科教学工作审核评估的通知》，指导方针是“以评促建，以评促改，以评促管”，对学校人才培养目标与培养效果的实现状况进行评价。2015 年，教育部统一开展高等教育质量监测平台建设，对各地方高校数据要求上报给教育部评估中心。这些措施的实施，对促进高校办出特色、内涵发展具有重要意义。

2017 年 9 月，《中共中央 国务院关于开展质量提升行动的指导意见》要求教育部提升高等教育人才培养质量，实施高等教育质量保障新文化建设工程，加强质量标准建设，教育部采取的具体措施是建立点面结合、周期性评估和常态监测相结合的多方质量保障机制，开展专业认证，实行高等教育质量报告发布制度，完善质量监测网络和数据平台。

（2）20 世纪 90 年代以来，不少高校为了适应教学改革和发展的需要，在教学工作上引进督导机制，自主建立起教学督导机构。高校的“教学督导”同基础教育的“教育督导”虽然只有一字之差，两者却有本质上的区别。高校教学督导机构是一个具有非行政职能性、权威性和工作超脱性的咨询组织、监督机构，它相对独立于其他教学行政管理职能部门。教学督导的出发点和落脚点是提高教学质量，重在导，以督促导。

高校督导的职能主要是参与学校教学管理，全面开展督教、督学、督管工作。高校督导工作主要围绕四方面展开：一是强化常规督导工作，紧紧围绕教师教学各环节（教学准备、课堂教学、实习见习、课后辅导、考试考核、毕业论文）进行督导检查，确保教学质量稳步提高；二是深化专项督导工作，针对人才培养方案修订、教学方法改革、青年教师培养、评教评学等学校重点工作进行监督指导，彰显督导工作特色；三是开展各项评估工作，比如教学工作合格评估、院系评估、课程评估等；四是加强督导队伍自身建设，更新督导工作理念，完善督导工作机制，加强督导业务学习，提升督导工作能力水平。虽然我国地方高校督导工作的开展取得了很大的成就，但是目前还是存在很大的问题。

第二节 关于地方高校督导体制的实践调研

本书实证研究选取湖南省C学院作为研究对象，以问卷结合访谈的调查方式，搜集相关数据资料，并进行系统分析，以期获得地方高校督导工作过程中所存在的问题及其症结。

一、调研前期准备工作

（一）调研目的

旨在通过相关的实践调研，发现地方高校督导体制实践过程中的问题，以便利用自身所掌握的相关理论知识深层剖析问题根源，从而提出建构地方高校督导体制创新的具体方案。

（二）调研设计

首先，从问题分析维度上有效借鉴“治理”相关要素，重点关注督导机构及督导队伍专业性、督导运行机制、督导内容与职能规范性、督导结果权威性、制度机制法治化等，确定问卷的框架体系。其次，确定调查对象。湖南省C学院作为新建本科院校，地处湖南省省会长沙市，因此，相对而言，C学院在本研究中有着一定程度的代表性。再次，通过调查，收集丰富的第一手数据和信息资料。最后，对收集来的调查信息进行加工分析，从而把握当前地方高校督导工作的基本情况和问题，为后文更深入的研究提供一定支撑。

（三）问卷设计

本问卷采取匿名填写的形式，主要由两大主体部分构成。第一部分主要是对被调查者的基本信息进行简单的了解。第二部分则是问卷的重点内容，主要是依据治理要素对以下几个方面进行调研：地方高校督导工作专业化；地方高校督导工作规范化；地方高校督导工作法治化；地方高校督导工作机制运行情况。

（四）调研对象

调查共涉及C学院57名校院二级督导，其中，专职督导11人，兼职督导46

人；62.5%的督导任职经历在5年以下；17.5%的督导学历为本科；其余督导的学历为硕士学位或硕士学位以上。

（五）结果分析

问卷项目采用五点等级量表形式，从“符合”“比较符合”“一般”“不太符合”到“不符合”，分别赋值1、2、3、4、5分。均值表示项目陈述的事实与现实情况的符合程度。均值越小，越符合现实情况，评价越高；均值越大，越不符合现实情况，评价越低。结果表明，地方高校督导机构设置的独立性影响督导工作职能履行的效果；地方高校督导专家的职业、学识素养等都很高，但是仍需加强督导专业的相关培训；地方高校督导工作运行机制还需完善；督导评价工作规范性还不足；地方高校督导问责机制、激励机制的建设还需不断完善等。

二、治理视域下地方高校督导体制创新访谈

（一）访谈设计

本研究在进行问卷调查的过程中，同时编制了针对地方高校相关校级领导、教师、行政管理人员及相关企事业单位代表的访谈提纲，目的是围绕治理要素，通过问答、约谈等半结构化的方式，审视地方高校督导工作的相关情况。

针对各利益相关者提出的问题如下所述。

1. 访谈对象：相关校级领导、教师及行政管理人员等。

（1）以治理为视角，您认为我校在教学督导体制上存在哪些主要问题？

（2）我校督导机构专业化水平高吗？督导专家专业水平如何？

（3）外部力量（公众、行业企业等）在贵校教学督导方面的参与情况如何？

（4）地方高校督导制度建设是否健全？还有哪些方面有待完善？

（5）地方高校督导信息化（大数据）建设得程度如何？还有哪些方面有待完善？

（6）地方高校督导体系的法治程度如何？还有哪些方面有待完善？

2. 访谈对象：参与合作办学的企业招聘人员。

（1）贵企与地方高校之间的合作是否深入到了督导工作？

（2）以治理为视角，您认为企事业单位与地方高校在督导工作上的合作主要

存在哪些问题？主要的制约因素又有哪些？

（3）您认为企事业单位有必要参与到地方高校督导工作中吗？如何参与？

（二）访谈内容

下文列出了访谈中相关人员针对以上问题的回答。

1. 访谈对象：相关校级领导、教师及行政管理人员等。

（1）以治理为视角，您认为我校在教学督导体制上存在哪些主要问题？

教师 1：法治、制度各个方面都有问题，但主要问题在制度方面。

教师 2：很简单，权力的结构体系存在问题。可以看得见的就是，督导部门和其他部门的行政权力机构对我们日常事务管得太多。

（2）我校督导机构专业化水平高吗？督导专家专业水平如何？

行政人员 3：行政管理真的很复杂，单从权力来说，我不觉得是一种权力，更应该是一种服务。督导部门专业化水平有待提高；督导专家本身专业水平很高，但是对于督导活动的开展，还有进一步提高的可能。

教师 4：对于行政权力，国内高校管理都是一种强制性的权威。督导部门、督导专家感觉除了行政权威，还有很大的学术权力，让人觉得既尊敬又害怕。当然，从督导的水平来讲，督导人员本身的专业水平很高，但是就督导工作开展水平来讲，还有待提高。

（3）外部力量（公众、行业企业等）在贵校教学督导方面的参与情况如何？

行政（兼课教师）5：外部力量如果是政府，那参与管理的程度肯定非常高，但如果是行业企业、学生就业单位等，则参与管理的程序就比较低。现在需要行业企业等多参与一些。

教师 6：行业企业、学生就业单位很少参与到学校的具体教育活动中，尤其是很少参与到教学督导活动中。

（4）地方高校督导制度建设是否健全？还有哪些方面有待完善？

教师 7：督导制度不是很健全，形式和内涵都有很大的改进空间。

行政人员 8：督导制度的完全性不是很高，另外，权威性、独立性有待加强。

（5）地方高校督导信息化（大数据）建设程度如何？还有哪些方面有待

完善？

行政（兼课教师）9：本校督导工作信息化水平有待提高，学校本身的信息化水平不高，比如督导评价结果、学生评价结果等不能即时在线查询。

（6）地方高校督导体系的法治程度如何？还有哪些方面有待完善？

行政人员 10：法治在我校所施行的手段和制度都很一般，大部分老师按照惯例、习惯办事。即便自身权利受到侵犯，也不知道该怎样去申辩，只能忍。

2．访谈对象：参与合作办学的企业招聘人员。

（1）贵企与地方高校之间的合作是否深入到了督导工作？

企事业单位招聘人员 1：普遍深入到地方高校督导工作中去了，但目前基本难以实现的，一是途径问题，二是现实问题。途径问题指的是没有有效的办法对督导工作"指指点点"；至于现实问题嘛，简单来说，在当前制度下，我们没有资格参与到地方高校督导工作中去。当然，个别的企业人员或者在某个高校督导部门的邀请下，以个人身份或许可以参加。

企事业单位招聘人员 2：对于参与地方高校督导工作，我们没有能力参加，也没有权力参加。

（2）以治理为视角，您认为企事业单位与参与合作的地方高校在督导工作上的合作存在哪些主要问题？主要的制约因素又有哪些？

企事业单位招聘人员 3：问题肯定多得很，比如制度、能力问题等。首先，没有人赋予你有参加这个督导工作的权利；另外，大学生是天之骄子，我们自身的能力都还没有达到大学水平，能去做好督导工作吗？

（3）您认为企事业单位有必要参与到地方高校督导工作中吗？如何参与？

企事业单位招聘人员 4：我肯定是希望企业参与到高校督导工作中去，参与到高校教学质量保障过程中的，因为现在培养的大学生的质量不是很高。我们当然希望能有某种途径参与到高校的质量保障工作中去。

企事业单位招聘人员 5：对于企事业单位有没有必要参与到地方高校督导工作中，我个人认为完全有必要，非常有必要，因为现在高校学生都很封闭，但是经济的发展速度非常快，学生没有走出去看看，故步自封，毕业以后很难适应社会。而某些大学的课程设置依旧是偏理论的，一部分脱离了实际，企事业人员能从这些方面对学校教学质量的提高提供帮助。

第三节　地方高校督导体制困境阐述

从我国的现实情况看，地方高校督导工作机制不健全主要表现在地方高校督导工作服务性价值模糊、督导机构独立性有待提升、督导人员专业性有待提高、第三方市场主体参与督导工作明显缺乏、督导法治水平滞后、督导工作程序欠规范、教学督导内容与方式窄化、督导工作忽视大数据应用八个方面。

一、地方高校督导工作服务性价值模糊

中国作为一个有着2000多年封建历史的国家，“官本位”“等级观念”仍然存在，高校也不例外。督导仍然具有很大的行政权威，管理思想依然严重，这样的观念肯定会影响地方高校督导体制创新建设。因此，治理视域下的地方高校督导体制创新，首要目标必定是树立服务思想。督导体制创新中为谁提供服务、提供什么服务、如何传承服务，是地方高校督导体制创新建设的重要问题。

（一）为谁提供服务，是最根本的价值判断

在社会价值日益多元的今天，地方高校督导体制建设必须树立服务的价值目标，必须从管理观念转变为服务理念。为谁提供服务？是为本校教师、学生提供服务，而不是管理。

（二）提供什么服务，是必须解决的关键问题

高校督导服务属于准公共产品，兼有公共产品和私人产品的特征。督导专家应指导教师提高教学水平，指导学生获得更好的教育。督导专家在自身价值得到提升的同时，用人单位和社会也间接获益，因此，高校督导专家等的服务具有无形性。另外，服务的过程性是督导专家服务的另一个重要特征。督导专家服务的过程性通常表现在为教师、学生等解决问题，满足其需求方面。再者，督导专家提供的服务具有差异性，主要表现在为教师、学生服务的内容、途径、方式及其

结果的不同。

（三）如何传承服务

督导服务职能不断发展，其中文化传承是根本性的制约因素。文化的价值在于其产生的隐性习惯。因此，地方高校督导部门或者督导人员应不断增强服务意识，实现诸方面工作由经验型向科学型、服务型转变，逐步构建并完善以服务教师、学生和社会为目的的督导服务体系。

二、地方高校督导机构独立性有待提升

目前，地方高校督导机构独立性有待提升，表现在以下方面。

从名称来讲，地方高校督导机构有的叫教学督导团，有的叫教学督导办公室，有的叫教学督导组，有的叫督导室，有的叫教学质量监控与评估处，有的叫质量办公室，等等，没有一个统一的、明确的称呼。从隶属领导讲，有的由主管教学的副校长管理，有的由其他副校长直接领导。

从机构设置上看，一是实行校院两级督导制，其中校级督导组织叫教学督导团，二级学院的教学督导组织叫教学督导组。二级学院教学督导组由二级学院院长或分管教学工作的副院长领导。学校教学督导团和院系教学督导组之间没有领导或指导关系，但工作上相互协调、相互配合。二是隶属于教务处，教学督导组织在校教务处的直接领导下工作。三是作为与教务处平行的职能部门展开工作，是独立建制的处级机构。

从人员构成上来看，大部分由退居二线的本校或外校老教师、老领导组成。从工作运行上来看，主要分为常规督导工作和专项督导工作。常规督导工作主要是对教师的课堂教学、实验教学进行随堂听课，对实习、实训等实践教学活动进行督查。专项督导工作主要是针对某一具体教学环节进行专门的评估和检查：一是教师论文设计抽查；二是院系教学状态评估；三是试卷抽检工作。

地方高校督导机构建设取得了一系列新进展，在实践工作中发现，督导部门有能满足工作需要的办公环境和条件，也有一定的督导工作经费，基本可以满足工作需要。但是，机构独立化或真正相对独立化，是解决当前地方高校督导工作

存在一系列问题的根本性举措。比如，当前督导机构还存在定位不清的现象，相关的督导工作过多地依赖校级领导的重视，领导重视，什么都好办，领导不重视，则较难开展工作。

因此，完善对地方高校督导机构的顶层设计，提升督导机构的独立性，是当前地方高校督导体制建设中的一个大问题。

三、地方高校督导人员专业性有待提高

地方高校督导人员的专业性有待提升，主要体现在以下方面。

1. 地方高校督导人员权威缺失

地方高校教学督导人员权威来源一是学校授权，二是法律法规的强制和规范，但是最主要的还是督导专家的专业权威、人格权威。权威的形成是一个自然过程。督导职能的发挥，往往要靠其权威性来更好地实现，但是，督导的权威不能仅靠领导的授权来树立。形式权威是被任命为督导人员之后自动得到的，而执行的权威则需要督导人员本人来建立，只有督导人员能够不断证明自身的行为是科学有效的，才有可能取得工作进展。

如果督导人员的学识和工作经验比不上督导对象，或者得不到督导对象的尊重，那么其处境就会十分艰难。当前地方高校的教学督导人员多由退休教授、在职教师和管理人员组成，缺乏对上岗准入资格的控制，人员结构呈老龄化趋向，缺少活力。此外，督导工作也需要不断探究和反思，但目前对教学督导人员的培训没有得到应有的重视。这些都影响着教师对教学督导队伍的整体评价，都会削弱督导工作的影响力。

2. 地方高校督导人员有时不敢行使权力

高校各专业教学模式千差万别，高校教师拥有一定决定权，所以对于高校教师的教学工作，管理具有一定的难度。对高校教师教学的指导，如果没有一定的目标、标准，会给督导人员带来一定的压力，对自己是否能做出合理的评估可能缺乏自信。另外，凭着良心做出了详细、正式评估的督导人员，有时候觉得会得罪很大一批人，有激起被督导人员的记恨、敌对的风险。有些督导人员觉得风险巨大而收益

甚微，所以有时即使做了督导工作，也是走走形式，不敢行使自己的权力。

另外，地方高校督导人员专业性不强还体现在任职资格及配置标准不明确，待遇保障不明确，督学队伍专业化程度不高等方面。明确督导人员配置标准，建立督学资格认证制度，是地方高校督导工作可持续发展的根本举措。

四、地方高校第三方市场主体参与督导工作明显缺乏

市场主体参与高校督导工作明显缺乏，主要体现在以下方面。

1. 第三方市场主体参与地方高校督导活动欠缺

“市场调节是各市场经济国家高等教育体制及运行机制的一个显著特征。”① 从治理视角讲，作为一种制度安排，在高校督导体制中，有必要引入市场主体，因为市场机制具有其独特、高效率、回应性强的特点。

地方高校督导部门在组织的督导评估活动中，实际上扮演了掌舵与划桨的双重角色，既管理，又评价，加之异体监督的乏力，导致评估效果客观性、公正性难以得到保障。引入社会组织的评估功能，是教育督导现代化的方向，高校督导组织也不例外。社会组织的评估中介机构，其评估专业人员、技术、管理方式等，都极具竞争性；社会中介组织开展的评估，其可信性、过程规范性、专业性更能得到相关人员的认同。

高校督导部门在高校内部开展的督导评估实践中引入第三方社会组织，该督导评估的独立性、客观性与公正性相对来讲会更强。但目前在我国教育督导中，特别是高校督导评估活动中，社会组织参与校内实践的基本没有，要么是政府主导，要么是学校督导部门主导。这在某种意义上，不利于教育督导功能的分化，可能会降低高校督导部门的公信力。

2. 第三方参与主体问责壁垒严实

第三方参与主体对于在地方高校督导活动中发现的问题实行问责，既是推动地方高校督导现代化的重要因素，也是提升地方高校督导治理能力的重要措施，

① 陈列. 市场经济与高等教育——一个世界性的课题[M]. 北京：人民教育出版社，1999.

突出了多元主体对地方高校督导结果运用过程的参与。然而，第三方参与主体问责壁垒严实，第三方参与主体很难参与到地方高校督导结果的运用中来；市场机制外部主体参与地方高校督导活动的积极性不高、参与渠道不畅等问题仍然较为明显。这些问题影响了地方高校督导实践的民主化与法治化，也使第三方社会力量对教育地方高校督导活动的建议、信息反馈与咨询等功能无法发挥，导致地方高校督导治理能力难以提升。

五、地方高校督导法治水平滞后

中国经济的发展对传统社会形成巨大冲击，并引发了社会各领域的变革，这些都需要强有力的法律作为后盾。中国教育现已进入高水平发展时期，要把中国的教育办好，教育法治化成为迫切需求，但目前我国关于教育督导的政策、法规、制度尚不健全。

随着教育督导职能日益显著，督导对象日益多元，督导内容日益系统，教育督导工作实现制度化、标准化和法制化也成为了督导工作人员的殷切期盼。

我国在 2012 年颁布了第一部专门的教育督导法规——《教育督导条例》，这是中华人民共和国成立以来，最具法律效力的一个关于教育督导的文件。《教育督导条例》的颁布，表明了具有中国特色的现代教育督导制度建设又一次实现了质的飞跃，但并没有上升为国家意志，缺乏强制性、连续性和稳定性，不利于督导职能的发挥和督导任务的完成。

在高等教育领域，督导工作一直处于探索阶段，怎样督导、谁来督导、督导什么、督导的法律责任等，均需要予以明确；此外，在评估方面，法律还需要对有关督导评估专家的资格认定、工作职责、工作纪律及被评高校自身需要履行的权利与义务、评估结果的处理与应用、社会参与评估活动的监督等予以明确；另外，高校内部关于督导的制度、政策也滞后于督导实践。这些都亟需真正纳入立法程序，亟需由明确的法律、法规来统一规范。

从实践中看，地方高校督导法制的不健全，影响到了高等学校督导工作，影响到了督导工作的质量与效率。显然，健全、完善高等学校督导法治水平，提升地方高校民主法治水平，真正实现督导工作的规范化和制度化，已成为新时代地方高校督导体制创新与发展的迫切需求。

六、地方高校督导工作程序欠规范

地方高校督导工作是一个常规性和持续性的工作，必须具备一整套科学、规范的程序，从当前我国地方高校督导职能上来讲，主要偏重“督”，而对于“导”和“信息反馈”则关注不够，因此迫切需要进一步对地方高校督导工作程序予以科学规范。

（一）缺少健全的反馈机制

目前来说，地方高校督导工作体制中最明显的一个漏洞存在于信息反馈系统的运行当中。督导信息反馈系统运行良好与否，关系到督导工作的成效。独立高效的督导信息反馈体系不仅可以为督导工作提供依据，而且更能发挥督导结果的激励作用，说明如下。

一是督导专家对被督导人员信息反馈工作缺乏主动性。督导专家与被督导人员的沟通多只发生在听课结束后的短时间内，方式单一，课后没有跟进反馈与指导，这种信息反馈很笼统、模糊。另外，被督导人员即使得到督导专家的指导而进行了改进，改进之后的教学效果也无法在第一时间反馈给督导专家。由于信息的阻断，督导工作往往沦为形式。

二是相关督导信息无法对高校职能处室、二级学院、教研室进行透明反馈。往往督导专家找到了一系列需要改进的问题，但是相关部门并没有认真改进，或者已经进行了改进，但督导部门或者督导专家并未及时了解。

对于教学督导工作而言，有效的沟通、反馈是进行监督和评估必不可少的环节，但就目前而言，地方高校教学督导工作并没有将这种反馈转化为动力机制。

（二）缺乏有效的责任制度

当前高校教学督导工作中，被督导对象有正式的渠道得到督导人员的反馈，但是对于教学督导人员而言，则没有相应的责任制度。许多督导部门人员不知道自己所做的工作成效如何，也不知道是否应该改变做法。尽管一些负责任的督导人员会进行自我评估，并且试图根据理论和经验不断修正自己的行为，但是如果得到外部反馈和评估，那进步会更大。

因此，在目前的地方高校督导体制中，需要获得机构和被督导人员、部门对其督导表现的评价，以促使其工作的进步与发展；当然，对督导专家的工作表现进行问责也应该是可以的。

七、地方高校教学督导内容与方式窄化

目前地方高校教学督导工作内容偏重督教，对学生的学习过程和学校管理部门的督导关注甚少。高校督导是一项内容丰富、方式多样的工作，但地方高校督导内容、督导工作方式的窄化，使督导工作看上去显得很单调。

（一）督教内容狭窄

目前地方高校督导工作的重点是督教，督导专家主要是深入课堂听课，对课堂具体教学环节、教学秩序及教学手段和方法进行督导，但缺少对教师整个教学过程的把握，导致对教师的备课、课后辅导、师德师风、学术水平、自我完善等能力难以进行综合评价。督导专家仅从课堂上得到的信息，很难对被督导人员进行全面的评价，督导工作的影响力被弱化。

（二）督学与督管被弱化

由于体制设置、思想认识问题，地方高校督导工作忽视了督学与督管。

因为督学目标、督学内容、督学评价指标十分模糊，在实际工作中很难操作，限制了督导专家对督学工作的管理，最多也就是看看课堂上学生的到课率及听讲情况等。但地方高校的总体生源质量与重点院校存在一定的差距，要达到理想的教学效果，必须重视督学工作。

督管是为确保教学过程正常通畅的运行，对学校的办学方向、人才培养方案、专业设置、学术科研、教学管理、后勤服务等进行督导。目前督导专家对职能部门管理的督导是薄弱环节。

虽然督导人员对督教工作投入了很多精力，但依然事倍功半，难以保证教学效果，可见教学督导的内容应当是全方位、全过程的。

（三）督导工作方式单一

教学督导工作最理想的场景是学校各学院、部门和广大教师积极参与，积极研究教学。但在现阶段的地方高校督导体制建设中，督导专家的督导方式主要是随机听课，方式简单，互动欠缺，被督导对象的主观能动性受到限制，缺乏参与的积极性。

另外，绝大多数地方高校并没有为督导专家与被督导教师之间提供对话和交流的场所和时间，被督导教师之间很少就他们工作的核心问题与督导专家进行交流，制度安排欠缺。

八、地方高校督导工作忽视大数据应用

随着 5G 建设的加快，大数据时代不可避免地快速到来，“互联网+”建设如火如荼，大数据将普遍应用于各领域，以促成数据治理思维的养成，推动治理实践的科学化。

从目前地方高校督导实践来看，虽然有一定的大数据应用，但整体看来，教育督导实践中对大数据的开发和利用程度远远不够，有非常大的提升空间。如果督导实践还是与以往一样，靠人力进行，肯定难以有效促进督导工作的高效率与科学性。

另外，高校督导系统数据与高校教育管理、后勤管理、学生管理、人事管理等系统数据共享机制完全不成熟，不同系统的数据无法流通共享。数据共享机制的滞后，直接影响高校督导监测能力。

还有，在评估认证建设中，未建立起数据利用的过程监控体制机制，缺少相应的督导数据库与共享平台，证据的开放度总体不高，督导过程中科学化程度不是很高。

在地方高校督导体制创新的现代化进程中，督导实践与大数据精准结合，无疑能够促进督导工作的科学性与准确性。如果在质量监控、学校自我评估、督导课堂信息采集等质量监控环节引用大数据，则更能提高高校督导工作的含金量，更能提升高校的教育治理能力。

第五章　区域经验：东亚国家教育督导制度的比较

200 多年前，近现代意义上的教育督导制度诞生于欧洲，随着全球化进程传至其他国家，现在世界大部门国家都已建立教育督导制度。但是，由于世界各国家在政治体制、经济体制、文化和教育体制等方面不同，各国家的教育督导制度发展各具特色，这对于我国地方高校督导体制创新，具有一定的借鉴意义。东亚国家有着相近的文化体系和高等教育管理建设的经验，为了可借鉴性和实践经验移植过程中的可操作性，本书以日本和韩国的教育督导体制建设为例，进行比较和研究，以期从中提炼出能结合我国建设实际，可为我国所用的地方高校督导体制创新的经验和理论范式。

第一节　日本的教育督导

日本作为东亚文化圈内的国家，对教育尤其重视。日本经济的起飞，是建立在教育发达基础上的，而教育督导制度作为教育管理制度的重要组成部分，自然也格外受重视。

一、日本的教育督导制度概况

从 1853 年以后，日本逐渐走向强盛。日本教育督导制度发展演变如下所述。

（一）从明治时期到第二次世界大战之前的教育督导制度

明治维新后，为了保证中央集权的实现，日本迅速建立起近代的教育督导制度。“1872 年《学制》的颁布，标志着日本近代教育的产生。”[①]全国划分为八大学区，各学区内设置若干中学区，各中学区内再设置若干小学区。1874 年，日本文部省颁布《督学局职制及事务章程》，规定督学局分别设大督学、中督学、小督学，主要职责是检查和监督各大学区的教育。另外，督学局还设大视学、中视学、小视学，负责各大学区巡视事务，检查学校事务。各中学区另设学监，每名学监负责 20～30 个小学区的学务视察。至此，日本在明治初期便形成了督学、视学和学监的督导体系。

从明治维新时期到日本第二次世界大战投降，日本教育督导体制的最终目标，是实现脱亚入欧，实现日本社会西方化、工业化，为其侵略战争服务。另外，日本带有典型的封建君主制特色，因此，其教育改革、督导制度中中央集权浓厚，一切都是为其天皇个人意志服务。督导人员以绝对权力为背景，通过权力监督教育；督导人员权限极大，专业性不强；另外，教师群体和一般民众基本没有参与教育管理的机会和权力。

（二）第二次世界大战以后的教育督导制度

1945 年日本第二次世界大战投降后，在美国主导下，日本对社会进行了全方位改革，教育行政体制也不例外。日本战后教育行政管理体制改革主要体现在分权化、民主化、独立化、专业化四个方面。首先，改变战前高度统一的中央集权式管理模式，增强地方权力，实施地方分权制；其次，增强教育管理活动的民众参与度，使社区居民、教师同样有参加教育管理的权力，扩大教育管理的民主性；再次，教育行政从政府一般行政中独立出来，成为一个独立运行、自主决定的个体，保证教育行政、教育督导活动的独立运行；最后削弱文部省的行政管理权，建立一个提供咨询、专业化建议的专业机构，促进督导活动的专业权威的建立。为此，“日本建立了一个由专业人士提供专业化的教育指导、咨询、建议的教育督导制度”。[②]在人员设置上，1956 年，日本重新制定了《关于地方教育行政组织及运营法》，其规定，地方教育委员会内部设地方指导主事，府县、市町村设置指导

① 顾明远. 外国教育督导[M]. 北京：人民教育出版社. 2002：142

② 卢盈. 中日教育督导制度比较研究[D]. 新乡：河南师范大学，2012：17.

主事、技术人员及其他一些视导人员。1974年，文部省修订并公布了《文部省设置法文部省组织令》，这个组织令设置了中央教育行政机关——文部省内部机构，包括大臣官房、初等中等教育局、大学局、学术国际局、体育局、社会教育局、管理局。在初等中等教育局内设置视学官、视学委员会，在大学局内设置大学视学官、视学委员会各若干名。[①]此外，《学习指导要领》《教育基本法》的修订，都影响着日本教育督导制度的发展。

二、日本教育督导制度的特点

通过研究发现，日本教育督导制度具备如下特点。

（一）督导组织网络结构分明

1. 督导组织独立化

日本的教育督导组织分中央和地方组织，即文部省的视学官和地方教育委员会的指导主事，并且有三级督导网络体系，即文部科学省、都道府县、市町村督导网络体系。

日本各地方督导组织形式呈现两个特征。

（1）多样性。不同行政级别的教育委员会在人员组成、组织结构、工作范围上不尽相同。

（2）交叉性。每个教育委员会的督导组织架构不完全相同。

2. 督导人员专业化和服务性

督导人员大多有着丰富的实际经验，能够有效促进学校工作的改进。督导人员属于教育公务员，必须服从上级命令。对督导人员的选拔注重督导人员对教育的建议和指导能力。文部省规定，视学官和指导主事必须是学科专家，选拔对象必须通过国家公务员考试，其任免和解聘均由文部大臣批准。

督导职能主要以“督学”为主，强调服务性。督导人员要以教育内容、教育教学方法、教育环境和教育工作者为督导对象。督导工作的形式由第二次世界大

---

① 张淑细．日本教育督导制度的演变及其对教育改革的影响[A]．纪念《教育史研究》创刊二十周年论文集（17）——外国教育政策与制度改革史研究[C]．2009．

战前的命令转变为服务、指导，不处理常务性工作。督导工作的目的不是监督，而是在充分掌握情况的基础上，通过服务帮助学校改进工作。

3. 督导活动参与人员多样化

日本自1996年开始酝酿建立学校评价制度，督导活动的参与人员也变得多样化，学生、家长、评议员都会参加。评议员由当地学校的校长、家长协会的会长和当地教委行政人员担任。督导工作的方式主要采取问卷调查方式听取学校评议员意见。对于督导结果，学校要组织相关人员进行反省与反思，学校成立了反思委员会，组织教职员进行反思总结，针对督导收集的意见逐条进行整改验收。

4. 督导人员主要开展学校评价

日本学校评价主要包括教育行政领域、学校经营领域和学校教育领域。对于每个领域，评价内容又细分为若干内容。由于各地在制定学校评价标准时所依据的观点不同，评价时侧重的领域和内容等也不尽相同。

日本学校评价一般分为以下步骤：计划（Plan）；实践（Do）；评价（See）。学校评价不只局限于年度评价、学期评价、每月评价，现在已延伸到每日评价，即将评价渗透到日常教学活动中，以评价促进改革与提升。

5. 督导实施过程重视民主化

日本督导制度的开展，首先要求督导充分尊重和听取各方意见。一是督导应充分考虑，最终帮助每个教师获得发展；二是要尊重个人；三是强调合作，而非监控。此外。教育督导人员还应该与时俱进，避免价值观僵化、固化，因此，提倡督导过程是动态、灵活的。

6. 督导实施过程重视科学化

日本教育督导强调对事实进行客观分析，要求督导人员要从对教育效果的评价出发，特别重视教学研究，并要求督导人员要掌握科学的研究方法。

第二节　韩国的教育督导

韩国作为东亚文化圈国家，也非常重视教育。作为经济强国，韩国的教育督导制度对其经济腾飞做出了重要贡献。

一、韩国教育督导制度概况

韩国1948年建国后，对教育的投入非常大，其教育督导制度发展演变如下所述。

（一）韩国教育督导制度的组成

韩国教育督导制度分为教育监察制度与教育奖学制度，即督政与督学，在发展过程中，形成了自己的特点。

1. 韩国教育监察制度（督政）

韩国于1962年12月26日颁布《宪法》，规定中央政府与地方政府机构中均要设置监察机构，对政府各级机关及其公务员进行监督与检查。① 1970年年初，韩国教育部设置了监察院。在监察院中设立三个科室，具体为监察综合担当官室、民愿调查担当官室、企划监察担当官室。

2. 韩国教育奖学制度（督学）

所谓教育奖学，就是影响教师的教学行为，提供各种教育资料，开发、修订或补充教育课程，改善学习环境，进而提高学生的学业成就和学习效果的教育活动。

教育奖学主要包括以下内容。

（1）教育行政机关（即教育部，市、道教育厅，地区教育厅）主导的奖学，具体来说包括综合教育奖学、责任教育奖学、选择教育奖学、确认教育奖学、聘请教育奖学、特别教育奖学、协作教育奖学、课程教育奖学、一般教育奖学、访问教育奖学、通信教育奖学。

（2）学校主导的教育奖学，也叫自律教育奖学，包括校内和地区自律教育奖学，主要有教学教育奖学、同事教育奖学、自我教育奖学、日常教育奖学、自我培训等。

① 孙启林，金香花．韩国教育督导制度及其特点评析[J]．外国教育研究，2007，34（7）：1-5．

（二）韩国教育督导制度的职能

1. 韩国教育监察制度的职能

教育监察制度的职能主要表现在以下三个方面。

（1）监察综合担当官室业务包括制订和调整监察计划，运营行政监察制度，监察教育部直属机构、下属团体等。

（2）民愿调查担当官室的业务包括登记、监察所属公务员的财产，调查、处理违法乱纪事项，监察公职等。

（3）企划监察担当官室的业务包括制订、实施、管理私立高等教育机构的行政监察计划，开发、改善私立学校的会计制度、会计监察技术。

2. 韩国教育奖学制度的职能

教育奖学制度的职能主要表现在以下三个方面。

（1）促进教师发展，即促使教师形成教师职业所需的价值观、信念、态度、知识、行为等。

（2）提高教育课程运营效率，即为实现教育目标，提高教育内容、教育活动的开发、运营、评价效果。

（3）增强学校管理合理化，即有效地维护或综合管理学校系统内的人力、物力、财力等，促使各种教育活动最优化。①

二、韩国教育督导制度的特点

1. 教育督导机构具有相对的独立性

韩国教育理念强调中立，虽然其教育部的督导机构——监察官室在教育部直接领导下工作，但奖学制度又具有相对独立性，开展教育督导工作的灵活性比较大，能较好地开展督导工作。

2. 教育督导机构成员具有较高的民主性

韩国基础教育的均衡发展促进了经济发展，同时也促进了政治民主化进程。

① 孙启林，金香花. 韩国教育督导制度及其特点评析[J]. 外国教育研究，2007，34（7）：1-5.

反过来，政治民主化运动又促使教育督导方式发生了深刻变化。过去，教育督导官员被认为是威严的、是挑毛病的，被督导者对他们有一种消极抵触情绪。随着教育民主化的进展，情况就不同了。现在的教育督导人员是基层发展教育事业的合作者、志愿者、帮助者。

3. 督导范围广泛

在韩国，教育奖学各种各样，教育行政监察内容也丰富多样，既能就学校及所属机关的行政、经费、财务等事项进行督导，又能负责教学方面的督导事宜。督学平时各有分工，但在必要时则灵活编组，共同进行督导。

第六章 理性构想：治理视域下地方高校督导体制创新的理性构思

从治理视角来看，地方高校督导体制创新倡导多元主体协同治理的逻辑，是为了解决传统公共管理模式与新时代特征不适应的矛盾，是促使地方高校督导管理职能回归和实现治理现代化的举措。地方高校督导部门治理现代化的核心要义为党领导下的以高校为主导的多元协同治理，这也是新时代高校教育治理的重要内容。

地方高校督导工作创新不是另起炉灶，而是一个不断完善的过程。本书借鉴治理理论，设计了“督导工作组织重塑－督导工作技术保障－督导工作实施保障”的渐进式路径。在这个渐进式过程中，地方高校督导体制创新应该加强地方高校督导体制协同治理的基础平台建设，增强地方高校督导工作协同治理的主体，完善地方高校督导工作协同治理的相关机制，创新地方高校督导工作协同治理的工作方式，同时营造有利于地方高校督导工作激发多元主体协同治理的外部环境等。

第一节 构建地方高校督导体制协同治理的基础平台

推进地方高校督导工作协同治理是实现地方高校督导体制创新、实现治理现代化的重要内容。推进地方高校督导工作协同治理，必须打造地方高校督导协同治理的基础平台，而要建设好这个基础平台，首先必须通过督导工作整合网络、做好组织架构和制度建设等。

一、理念重塑——解决地方高校督导体制创新的服务问题

地方高校督导体制创新，首先要解决的是理念问题，要进行理念创新。为了解决威权管理、领导指示大于制度等问题，地方高校督导体制创新一是要坚持督导工作服务需求，塑造服务型管理理念，二是要塑造督导工作服务重点工作的意识，由管理向大众服务转变，三是要重塑督导工作服务目标意识，由歧视性服务向平等性服务转化。

二、组织重塑——解决地方高校督导体制创新的组织问题

地方高校督导体制协同治理基础平台最重要的一环是对其进行组织重塑，解决地方高校督导工作治理主体重塑、组织结构重塑和功能重塑等问题。

（一）督导工作的治理主体重塑

主体重塑即主体再育。理想的地方高校督导体制创新治理主体应该是以高校为基础，教师、学生、其他的社会第三部门等共同参与的开放式系统。做好地方高校督导体制创新主体重塑，要解决以下两个关键环节。

1. 建立地方高校督导工作治理主体准入和退出制度

开放式的地方高校督导工作治理主体系统，必须有一定的准入制度，符合标准的、符合要求的主体，才可以进入地方高校督导工作系统。对于地方高校督导的各社会主体要建立评级制度，对于不靠谱主体，实行全程淘汰制度，纳入黑名单。

2. 建立地方高校督导工作治理主体监督及激励制度

地方高校督导工作治理主体多元化以后，需要建立健全监督和激励制度。

地方高校督导体制创新中第三部门和企业有选择地进入、参与地方高校教学质量监督过程，是对原有的以高校为主体的地方高校督导体制模式的完善，目的是改善地方高校督导工作现状，提高服务效率。

（二）督导部门组织结构重塑

从治理的视角看，地方高校督导的组织结构应从金字塔式向扁平式转变。所谓金字塔式，就是自上而下，一是纵向看，影响地方高校督导工作效率；二是横

向看，相关信息不畅，进一步导致地方高校督导工作效率低及服务质量差。地方高校督导体制创新必然伴随着组织结构的变革，需要建立一种适应性强的扁平化地方高校督导组织结构。扁平化地方高校督导组织结构的主要特点一是扩大管理幅度，二是具有开放性，能准确收集和判断社会公众、就业单位对地方高校督导工作的需求变动，借助信息的输入、输出和反馈机制维持地方高校督导组织系统的均衡。

（三）督导工作功能重塑

地方高校督导体制创新必须改变地方高校督导主体单一功能，向服务、管理功能转化。

1. 地方高校督导体制创新中服务功能重塑

为教师、学生、公众提供服务是高校督导部门的根本职能。一方面，高校督导部门可以通过多种媒体，将服务的内容、要求、程序等向教师、学生、公众等公布；另一方面，高校督导部门可以通过网络等信息化手段，为教师、学生、公众等提供多元化服务，提高效率。

2. 地方高校督导体制创新中管理功能重塑

其一是对通过地方高校督导工作中的信息反馈渠道收集到的各类信息进行汇总、加工，为校领导决策提供依据；其二是地方高校督导体制创新有助于提高高校管理效果。

三、体制创新——解决地方高校督导体制创新的环境问题

地方高校督导的全部工作是在高校系统内运行的，在治理视域下要推动地方高校督导体制创新，需要满足以下几个条件。

1. 地方高校或者其督导管理部门必须要有体制创新自主权

地方高校或其督导管理部门可以根据自身或者教师、学生、就业单位、社会公众等的需求，决定可以提供哪些服务项目外包，以提高地方高校督导工作质量，提高地方高校教学质量。

2. 地方高校或者其督导管理部门必须有主导权

目前我国一些地方高校督导部门属于教务处管理，在层级上处于弱势地位，在人员编制、经费保障上都捉襟见肘。如果地方高校督导管理部门处于强势地位，那么地方高校督导体制创新推行的难度就要小得多。

3. 地方高校或者其督导管理部门必须要有督导体制创新的自发动力

从非正式制度性角度看，地方高校督导体制创新的自发动力的来源之一是树立服务型管理部门理念，但无强制作用。另外，必须要有正式制度，由此产生自发动力，这样就可以降低地方高校督导体制创新路径变迁产生的成本。因此，应该将督导体制创新效果和教师、学生、就业单位、社会公众等对地方高校督导体制的满意度纳入地方高校督导部门工作人员激励指标体系，让被动创新变成自发创新。

4. 改变人治大于法治的现象

高校虽然是教育领域，但是受几千年传统文化的影响，大部分还是威权主义，这将影响地方高校督导体制创新的激励机制，工作人员在高校督导体制创新上做出的成果抵不上校领导的一句表扬。地方高校督导体制创新过程中，提供什么服务，什么时候提供，必须按照制度执行，而不是按照学校领导的指示执行。

四、制度建设——解决地方高校督导体制创新的规范问题

建立协同治理基础平台，必须要有清晰明确的制度、规则，这是治理主体建立工作信任、开展工作所必需的。只有在制度约束下的多元主体，才能保证其行为的规范性、治理过程的科学性和有效性。

（一）治理视域下地方高校督导体制创新制度建设的原则

建设好治理视域下的地方高校督导制度，必须要有一定的原则。

1. 系统性原则

治理视域下地方高校督导体制创新是一个复杂的系统工程。治理视域下地方高校督导体制创新所进行的制度建设需要全面分析治理主体各要素间的关系，综合运用系统论，使各主体、各环节都能受到制度的引导和约束，从而确保整个治

理视域下地方高校督导体制有效运转。

2. 科学性原则

治理视域下地方高校督导体制创新制度的科学性、合理性，主要通过相关制度的可接受性、可操作性来体现。治理视域下地方高校督导体制创新的制度建设必须根据运行机制及学校的现实条件，充分考虑学生、教师、就业单位、社会大众的实际情况，力求实现科学管理。

3. 导向性原则

科学的管理制度能够提高工作效率、促进目标达成。治理视域下地方高校督导体制创新制度的建构，要充分考虑发挥它的导向性功能，要抓住地方高校督导工作存在的共性问题，及时调整制度内容，加强治理视域下地方高校督导体制创新管理的宏观引导，加强激励使用。

（二）治理视域下地方高校督导体制创新的制度内容建设

1. 加强协同治理过程相关制度建设

工作体制方面的制度有信息通报制度、定期会晤制度、应急协同处理制度、监督制度、绩效评估制度等。这些制度对协同治理的主体、方式手段、议事协调规则、权力授予、责任落实、问责效力等做出一定的约束。同时，地方高校或其督导管理部门应主动寻求教师、学生、就业单位、企事业单位、其他社会组织和社会大众的支持，建立容纳多主体的制度框架和运作机制。

2. 加强配套制度建设

为整合功能、完善协同效应，必须要有良好的法律政策环境，这就要求在多元主体之间做好横纵方向互动制度的衔接与配套工作，通过互补发挥好协同作用。

3. 完善制度环境，确保制度有效执行

地方高校或其督导管理部门应当营造有利于激发多元主体协同治理的外部环境，建立与之相适应的体制和机制。同时，要做好主导角色，通过完善制度环境，促使各治理主体既遵纪守法又有所作为。

（三）治理视域下地方高校教学督导体制创新的制度保障机制建设

1. 正式制度的完善及保障

从地方高校督导工作现实情况来看，高等教育校企合作等教育教改模式不断发展，但地方高校督导相关制度内涵建设有时并没跟上其发展步伐，在督导工作方面对这些模式缺乏鼓励、保障及规范，某些方面不能根据现实需要开展工作。因而，加快与治理视域下地方高校督导体制创新各主体共治相关的正式制度的建设和完善，成为切合地方高校督导体制发展深化的需要。为此，需要积极采纳其他治理主体，如教师、学生（校友）、家长、用人单位等的意见和建议，多途径拓宽其在地方高校督导体制创新方面的表达渠道。

再者，要建立明晰制度，明确治理视域下地方高校督导体制创新的目标导向，明确各治理主体的职责与分工，坚持以提高地方高校教学质量为核心，体现制度建设的合目的性。

另外，相关制度建设在体现治理视域下地方高校督导体制创新法治化、民主化的同时，也应满足各地方高校的教学质量内涵建设和可持续发展的要求。

2. 非正式制度的推进和激励

在地方高校教学督导体制创新共治保障的制度体系中，非正式的制度主要由各高校督导工作文化传承、质量文化等组成，这些非正式制度对地方高校教学督导体制创新各治理主体的影响是潜移默化的，会对这些治理主体的治理行为起到推进、激励和约束作用。而当治理主体的行为违反这一非正式制度的相关约定，且没有法律对这种违规行为进行惩罚时，这些非正式制度会在无形中对治理主体违规行为起到一定的谴责、排斥等作用。

第二节　治理视域下地方高校督导体制创新的多元主体建设

地方高校督导体制创新要实现从单一主体到多元主体协同治理，首先要协调好督导工作中多元主体间的各种关系，如需求偏差、价值错位、协同相斥等，使各治理主体目标与方向相同，和谐多元治理。

一、地方高校督导体制创新治理主体的归属认同

治理视域下的地方高校督导体制创新，主要追求督导工作的效率、效益，以及提高地方高校的教学质量，在此基础上达到共赢善治。

（一）治理主体间的身份认同

要实现各治理主体围绕地方高校督导体制创新的协同共治，则必须有身份认同。地方高校督导体制创新治理的相关主体主要包括作为直接相关者的教师、学生、学校相关管理人员、就业单位、政府或教育行政部门等，非直接相关者有学生家长、校友、媒体、社会公众等。

教育系统是社会大系统下的一个子系统。从地方高校督导体制创新的类属身份来看，地方高校或其督导管理部门作为治理的主体，是纯粹的高校督导工作治理者；行业企业作为市场的构成主体，主要是参与治理者。从地方高校督导体制创新治理的角色身份来看，各治理主体在地方高校督导体制创新治理中分别承担着不同的角色，地方高校或其督导管理部门以一种调控性治理者身份参与，是主导者、实现者；而行业企业可直接参与地方高校督导体制创新的治理，主要以协同性治理者的身份参与。从身份属性来看，治理主体都是服务者，都直接或者间接地实现对地方高校督导体制创新的服务。

（二）治理主体间的文化认同

地方高校督导体制创新的核心承载体是学校教学质量，因而其主体文化是以学校教学质量为核心的地方高校教学质量文化。由于其核心文化立足于职业学校的教学文化，因而，推进地方高校督导体制创新共治，并形成文化认同，就需要在推进相关治理主体与地方高校教学有效对接基础上的文化整合进程。地方高校督导体制创新的共治，便是通过集合各治理主体之力，有效推进合作，进而形成一种各治理主体共同认可的地方高校督导体制创新共治文化。

（三）治理主体间的价值认同

地方高校督导体制创新共治的价值认同是在身份认同、文化认同基础上实现的。事实上，地方高校督导体制创新共治相对于各治理主体来说，主要包含两个

层面的价值，即地方高校督导体制创新共治的普遍价值和地方高校督导体制创新共治的主导价值。地方高校督导体制创新共治的普遍价值是，各治理主体均可以从共治中获得利益；而地方高校督导体制创新共治的主导价值是，各治理主体均能在为教育发展服务的同时，直接或间接地为社会发展服务，从而体现各自的社会发展服务价值。地方高校督导体制创新共治，正是通过实现其普遍价值和主导价值，最终实现各治理主体对治理共同体的归属认同。

二、治理视域下地方高校督导体制创新中的其他治理主体建设

（一）其他治理主体参与地方高校督导体制创新的意义及作用

地方高校督导体制作为高校提高与改善本校教学质量的关键环节，需要社会力量的参与。其他治理主体参与地方高校督导体制创新改革具有重要意义，如下所述。

1. 拓展了地方高校督导体制创新治理主体的范围

目前我国地方高校督导体制运行的主体主要是学校自身，在督导行为、提高学校教学质量上难免从自身立场出发，可能会有当局者迷、自我美化的情况。而其他社会治理主体参与地方高校提高教学质量的行动，就补齐了这块短板。

2. 建立了更客观、更公正的教学质量评价体系

除学校自身，其他治理主体既不依附于学校，也不属于政府，其行为活动一般不受政府或学校的支配和影响。因此，其他治理主体在评价地方高校教学质量时，能够坚持价值中立，对地方高校教学质量的评价更加客观、公正、公平。另外，在实际操作中，很多地方高校督导成员及其活动不受督导，比如地方高校每年的教学质量报告，其信度和效度往往受到质疑，而其他治理主体的参与，使地方高校督导体制变得更加健全。

3. 有助于构建一个更畅通、更有效的信息督导与反馈系统

除学校自身，其他治理主体作为学校与社会的中间人，既可以代表企业、就业单位向学校提出要求，又可以作为学校的代言人，向社会提出诉求，从而在学校、政府、社会及用人单位之间搭起一座沟通的桥梁，形成一个畅通、有效的信

息传递和反馈系统。

此外，其他治理主体参与地方高校督导行为，使地方高校从既是“裁判员”又是“运动员”的双重身份中解脱出来，能够更加客观、全面地发现自己在教学质量方面存在的问题。

（二）其他治理主体如何参与地方高校督导行为

在西方国家，地方高校督导体制中的其他治理主体对高校教学质量工作的支持作用已被普遍认可。而在我国，其他治理主体则极少参与地方高校督导工作。其他治理主体参与地方高校督导行为的类型如下所述。

1. 以委托人的身份参与地方高校督导行为

当其他治理主体以委托人的身份参与地方高校督导行为时，他们起着帮助学校与社会公众建立联系的作用，会让越来越多的公众了解地方高校。

2. 以建设者的身份参与地方高校督导行为

当其他治理主体以建设者的身份参与地方高校督导行为时，他们能帮助学校制订相关的督导制度，促进学校教学质量提高。

3. 以管理者身份参与地方高校督导行为

其他治理主体以管理者身份参与地方高校督导行为，比如，科研人员参加督导部门组织的人才培养方案专项督导等。

（三）其他治理主体参与地方高校督导行为的路径分析

1. 以督导的方式参与地方高校督导行为

其他治理主体对地方高校的督导行为有两种情况：一是直接督导，即对学校的教学行为，包括教师教学计划、各种课程文件及实施情况进行监控；二是对实施地方高校督导行为的管理部门及其督导活动进行监控。其他治理主体通过这种行为，将相关信息反馈给学校，为学校教学质量持续改进提供参考依据。

2. 以质量评估的方式参与地方高校督导行为

质量评估是地方高校督导管理部门开展工作的重要形式。其他治理主体借助其专业，坚持中立，研究并制定客观、公正、合理的指标体系，对地方高校教学质量进行合理评估，并以恰当的方式向学校及社会公布结果，从而实现对地方高校教学质量的跟踪督导，真正让地方高校提高教学质量，持续发展。

3. 以咨询服务的方式参与地方高校督导行为

其他治理主体通过搭建公共数据库、信息化平台与社会建立广泛联系，获取对地方高校教学质量满意度的有关信息。这些信息数据资源成为其他治理主体能够提供咨询服务的前提与基础，为地方高校提供服务指导，疏通地方高校与学生、家长、用人单位、企业之间的信息沟通渠道，从而提高地方高校教学质量。

（四）提升其他治理主体的素质及能力

协同治理的实现最终要靠各协同主体的努力，因此提升其他治理主体的素质和能力至关重要。提升其他治理主体的素质与能力的相关内容如下所述。

1. 提升其他治理主体的公共精神

公共精神是指社会公众参与社会协同治理的思想，具体包括平等、合作、共融等，良好的公共精神能激发公民参与社会生活的热情。

2. 提升其他治理主体的协商精神

协商精神是指基于责任而主动与其他治理主体商讨、合作的一种内在规范，它具有普遍约束力和可接受性。

3. 提升其他治理主体的知识水平和核心能力

党的十八届三中全会对国家治理能力现代化提出了高要求，对于参与高校督导工作的其他治理主体来说，整体的知识水平有待提高，也需要增加各治理主体对于高校督导工作的实践知识和经验，只有提升相关的业务知识，才能提升其协同治理能力。

上述三个方面的素质和能力是其他治理主体参与地方高校协同治理的基本要求。它们都需要通过培训与学习才能获得。因此，一是要加强对地方高校督导其他治理主体的培训。在培训形式上，可以拓宽培训主体，积极引入社会组织、就业单位、企业；在培训内容上，除了提升相关知识，更要注重提升核心业务能力。二是要加大培养力度，使其他治理主体不断专业化。这是进行有效协同治理的保证。

第三节　完善协同治理的地方高校督导体制治理相关机制

中国共产党十八大报告指出："健全基层公共服务和社会管理网络，建立确保社会既充满活力又和谐有序的体制机制。"因此，建设治理视域下高校督导体制，既要做好大框架构建，又要建设好各治理主体间的各种机制，通过多元机制的建立，全方位保障地方高校督导体制创新从质量共治向善治发展，逐渐提高地方高校教学质量。

一、治理视域下地方高校督导体制创新的合作动力机制

为了使各治理主体产生持久动力，必须兼顾彼此利益。只有兼顾地方高校教学督导体制创新共治的效果和各治理主体所获得的利益，才能为提高地方高校教学质量的共治提供持续动力。地方高校教学督导体制创新，需要建设好共治层面的合作动力机制。

（一）地方高校教学督导体制创新共治的利益激励机制

在地方高校教学督导体制创新共治体系中，对各治理主体的共治行为要进行有效激励，激发各治理主体的工作动机。

1. 外部激励机制的建构

地方高校或其督导管理部门作为地方高校教学督导体制创新治理的宏观把控者，应围绕督导工作，在政策、措施、关系、工作条件、待遇、福利等方面给予各治理主体相应保障。此外，在共治过程中的激励因素保障上，地方高校或其督导管理部门应围绕各治理主体的治理工作成就、责任、发展机会等给予各治理主体相应保障，提升他们在高校督导共治工作中的满意度。

2. 内部激励机制的建构

地方高校或其督导管理部门应该整合其部门执行力量，有效保证良好的工作环境、工作条件及对各治理主体工作的正确评价等。

（二）地方高校教学督导体制创新共治的资源共享机制

各治理主体之间要实现资源间的优化与共享，就需要建立地方高校教学督导体制创新共治的资源共享机制，具体可以从如下方面建设。

1. 信息资源的共建共享

地方高校督导体制创新是一种横跨学校、社会、企业的跨界性教育，需要各治理主体围绕高校教学、人才培养、市场运作、教学质量等信息进行深度沟通。从就业单位角度看，参与地方高校教学督导体制创新共治，可以有效把握当前高校教学质量的情况，有助于其对人才的引进与开发；从政府部门角度看，参与地方高校教学督导体制创新的共治，可以获取教育方面的有利信息；从社会角度看，社会力量参与地方高校教学督导体制创新的共治，有机会获取督导评估方面的专业知识，促进自身成长。

2. 平台资源的共建共享

各治理主体能够实现在地方高校督导体制上的共治，实际上便搭建了合作的平台：从地方高校或其督导管理部门角度看，可以充分利用企业的用人要求，提升地方高校培养人才的效率；从企业角度看，可以充分利用高校的知识、人力资源，使自己能够获得更长远的效益；从其他社会力量角度看，其参与地方高校教学督导体制创新的共治，能够充分利高校平台，为实现终身学习和发展服务。

二、治理视域下地方高校教学督导体制各治理主体的利益协调机制

治理视域下地方高校督导体制创新的各治理主体的利益分配是否公平、补偿是否到位、激励是否有效等，都关系到地方高校教学督导体制创新各治理主体关系是否稳固。

（一）地方高校教学督导体制创新共治利益关系的调节机制

在地方高校教学督导体制创新共治体系中，各治理主体都有不同的利益需求与诉求，当各方利益出现冲突时，各治理主体便产生博弈。

1. 地方高校教学督导体制创新治理的外部主体博弈

地方高校督导体制创新治理外部主体之间的利益博弈主要集中在经济利益

上。在地方高校教学督导体制创新共治体系中，地方高校或其督导管理部门始终是治理的最核心主体，占据主导地位。在由职业学校主导的教学质量共治的利益关系体中，学校作为一个文化机构，其主要职能是提高人才培养质量，不能给社会和个人带来任何经济利润，其主要通过输出人才，间接创造经济利益。需要考虑的是，其他治理主体是否愿意为了此种间接利益参与地方高校教学督导体制创新共治。

2. 地方高校教学督导体制创新治理的内部主体博弈

地方高校督导体制创新治理内部主体之间的博弈，主要集中在行政权威、学术权威等方面。在具体治理过程中，会因各自利益出发点不同而产生利益博弈。此博弈有时会影响高校督导工作、人才培养质量的效果和效率。

要解决上述问题，必须建立利益关系调节机制，针对不同的治理主体，采取不同的调节措施。对于外部治理主体，主要从经济利益方面进行整合、调节；对于内部治理主体，则主要从权力利益进行整合、调节，从而实现多赢。

（二）地方高校教学督导体制创新共治利益的合理补偿机制

任何利益分配都不能保证绝对公平，因此在多元主体共同参与的地方高校督导共治中，必须建立配套的利益补偿机制。在共治利益整体均衡的前提下，地方高校教学督导体制创新共治利益的分配可以给予弱势方一定的利益照顾；同时，也必须建立对优势主体利益受损的补偿机制，从而为地方高校督导工作由共治向善治发展做好铺垫。

地方高校教学督导体制创新共治中的利益补偿，包括公共层面的利益补偿和私人层面的利益补偿。公共层面的利益补偿，主要是以地方高校或其督导管理部门牵头共同进行利益补偿，具体表现为地方高校或其督导管理部门通过宣传，引领社会公益组织、杰出校友、社会公众人物等共同组建地方高校督导质量保障公益基金，从而保证对地方高校督导工作共治中受损者的利益补偿。而私人层面的利益补偿，地方高校或其督导管理部门可以通过培训人才、资源共享等方式，实现对利益受损主体一定程度的补偿。

总之，实现在地方高校教学督导体制创新治理中各治理主体的利益合理分配、合理补偿，是驱动地方高校教学督导体制创新中各治理主体共治关系稳固的基础，也是有效提升地方高校人才培养质量的辅助性措施。

（三）治理视域下地方高校教学督导体制各治理主体的责任追究机制

地方高校督导体制创新，主要在于提高地方高校人才培养质量，如果达不到目的，则有必要建立健全专门问责机制，具体可从以下方面进行。

1. 建立及完善地方高校教学督导体制创新问责制度

制度要对地方高校督导体制各内部和外部问责的主体、对象、内容、程序、结果等进行明确规定，绝不含糊其词。

2. 建立及完善地方高校督导体制创新多元治理主体的参与机制

要拓展高校督导管理部门、专业性协会组织、就业单位、教师、学生、家长、大众等多元主体的参与方式和路径。

3. 建立及完善对各治理主体的问责方式

地方高校或其督导管理部门要对在督导过程中的经费、道德、风险等方面出现的问题进行行政问责、绩效问责等，要起到主导作用；对于外部治理主体在工作中应有的专业性、科学性，要进行监督。这样，可使各治理主体的督导工作共治行为，均处于实时监督之中。

三、治理视域下地方高校督导体制创新中相关治理主体的准入与退出机制

地方高校督导体制创新的核心是服务主体的创新，也就是由谁来提供服务的问题。为保证地方高校督导工作正常运行，提高督导工作服务及学校人才培养质量，必须设立地方高校督导体制创新治理主体准入与退出制度，选优汰劣。

（一）地方高校督导体制创新治理主体的准入

地方高校作为专业性很强的单位，外部主体要参与其督导管理工作，必须要具备一定的条件与资格。对于治理主体的准入，必须要进行严格的条件与资格审查。

1. 准入原则

《中华人民共和国行政许可法》第十二条规定，提供公众服务并且直接关系

公共利益的职业、行业，需要确定具备特殊信誉、特殊条件或者特殊技能等资格、资质的事项，可以设定行政许可。因此，地方高校督导体制创新治理主体准入应采用核准原则，即治理主体满足应具备的基本条件后，仍需要向政府、地方高校主管部门申请进入，经政府主管部门同意后，才能正式进入。

2. 准入条件

地方高校督导体制创新治理主体的准入条件应该包括两个方面：一是资质准入，二是道德准入。这两个准入条件必须由地方高校或其督导管理部门明文规定。资质应该包括以下几个方面：一是有与业务范围相符的、与政府签订的相关协议；二是有具备督导管理工作相关专业知识和业务经验的工作人员；三是有健全的组织机构和管理制度；四是有符合要求的场所和与业务有关的其他设施等。当然，道德准入条件难以界定，比如说有失信等相关行为的，则不能进入。

（二）地方高校督导体制创新治理主体的退出

地方高校督导体制创新治理主体的退出，应推行一票否决制或末位淘汰制，对出现行贿、寻租、失信等恶性行为的治理主体，一旦查证，应马上一票否决，逐出管理行为主体范围。对来自教师、学生或其他治理主体投诉较多的服务主体，采取分数扣除制度，达到临界点后，逐出管理行为主体范围。

四、地方高校督导体制创新协同治理的法治建设

地方高校督导体制创新涉及众多的利益相关人，是一项极为重要的创新，治理视域下地方高校督导体制创新的专业性非常强，仅仅靠制度政策来调整是不行的，必须纳入法律范畴来进行规范。

（一）地方高校督导体制协同治理法治建设的内容

弗里特曼认为：“法治就是公共秩序的存在。”地方高校督导体制创新工作理应置于法治之内。现代管理的重要特征之一就是法治化，根据法的合理性来制约管理的随意性。因此，从本质上来说，地方高校督导体制创新工作的法治化趋向标志着地方高校管理工作的现代化进程。

地方高校督导体制创新法治化就是依据法律法规，把高校督导各项工作纳

入法治化轨道，建立起符合现代法治精神的内部管理体制和机制，以实现地方高校督导部门管理行为规范化。做好地方高校督导体制创新法治化，主要应做好以下工作。

（1）国家对高校督导管理工作进行立法。目前，缺乏地方高校督导管理工作的相关法律。对地方高校督导管理工作进行立法，是按照法定程序对地方高校督导管理内部权力运行设定合理程序，排除权力运行过程中的随意性。

（2）执行。所谓执行，是指地方高校或者其督导管理部门作为法律法规授权的主体，在授权范围内遵循法律原则，依法行使治理权力；在执法过程中，地方高校或其督导管理部门应依据国家立法宗旨，规范自己的权力运行。

（3）健全相关的权利救济制度。在地方高校督导管理工作中，健全救济途径，包括校内申诉、行政复议和司法救济途径（民事诉讼、行政诉讼）的权利救济机制，通过限权与制权保证地方高校各治理主体的权益得到最大限度维护。

（二）地方高校督导体制创新法治建设需要注意的问题

1. 建立地方高校督导体制法治创新的管理程序

将程序制度化了，就是法律。英美法系国家对程序尤为重视，认为程序违法即可导致行为无效。地方高校督导体制创新中的法治化，“必然要引入正当程序原则，在管理工作中若没有正当程序，不仅难以实现公平，而且救济权也无法得到保障”。[①]目前，从法治的角度看，在高校督导管理工作中，比较欠缺的是程序问题。管理主体在做出管理行为时，必须遵循正当法律程序，如事先告知、向利益相关者说明行为的根据和理由，或听取利益相关者的陈述、申辩，或事后为利益相关者提供相应的救济途径。因此地方高校督导体制法治化创新，应当建立严格的程序制度，这是督导工作公开、公正、公平的重要保证。

2. 加强督导部门内部管理法治机制建设

地方高校督导管理工作人员手中具有行政权力，这就要求他们树立法治观念，为相关利益者办实事：一是有效控制行政权力，确定行使权利的范围，然后制度

① 秦惠民．高校管理法治化的几个问题[EB/OL]. [2004-02-28] . http: // www.ep-china.net.

化、形式化；二是设定高校督导权利的运行程序，有效制约运行过程中的主观随意性，从而创设出公正的法律机制；三是为地方高校各利益相关者的监督权力提供有力的法律保障。

（三）完善地方高校督导体制创新法治建设中的权利救济制度

1. 建立健全督导工作中的利益相关者申诉制度

在利益相关者与地方高校或其督导管理部门发生纠纷时，有行政和司法两条救济途径。但走司法救济之路，由于没有明确的法律规定，往往成本较高。因此，必须建立一套完善的督导管理利益相关者申诉机制，其主要内容应包括申诉主体、申诉条件和范围，受理申诉人员组成、人数及职责，工作时效等。

2. 建立和完善督导工作中的行政复议制度

在治理视域下地方高校督导管理体制创新中，行政复议是其他利益相关者的救济途径，同时也是督导体制创新中的内部监督和纠错机制。它主要利用高校行政层级中的上下级关系，通过利益相关者的申请，使上级领导根据个案对相关工作进行审查监督。利用行政复议不仅能减少当事人的诉累，更能保障行政管理秩序的持续与稳定。

3. 在督导管理体制中设立独立仲裁机构

在督导管理体制中设立独立仲裁制度是指，根据法律规定，当利益相关者与高校或其督导管理部门发生纠纷时，依法向仲裁机构申请，由仲裁机构依据法律规定进行调节、裁决。一旦双方发生争议而又协商不成，则可由特定的仲裁机构来解决。

总之，司法介入是高校督导体制法治化的必然趋势，其作为高校督导管理部门行使公权力的一种外部监督，必将随着地方高校督导管理的法治化进程而逐渐发挥不可替代的作用。

第七章　机制保障：治理视域下地方高校督导体制创新中的技术机制建设

地方高校督导体制的理性构建可以为督导机制的运转提供保障，但如果缺少技术的支撑，理性构建会因缺乏载体而无法实现。因而，我们还需从技术层面构建地方高校督导机制，使督导机制能够依附于一定的载体。

第一节　治理视域下地方高校督导体制创新中的专业化机制建设

地方高校督导体制创新，必须加强内涵建设和专业建设。推进高校督导机构技术机制建设，是地方高校督导体制创新的首要前提。

一、地方高校督导专业化内容

从实践角度而言，地方高校督导机构专业化在于它的专门性、综合性、教育性等；从理论角度讲，地方高校督导专业化，就是教育督导要成为不可替代的专门职业，主要包括督导人员专业化、督导机构专业化、督导技术专业化等内容。

（一）督导工作法治化

2012 年，教育部出台了《教育督导条例》，其主要是针对中小学教育督导工作。国家还没有制定专门针对高校教学督导工作的法规条文，因此现行各高校教学督导工作制度，大都是各地方高校依据国家《教育督导条例》相关条文而自行建立起来的。

（二）督导机构专业化

目前，基础教育领域的督导机构较为专业化，初步形成了国家、省、市、县四级教育督导机构层级体系，其主要职能为研究制定教育督导的方针，对地方人民政府贯彻执行国家有关教育方针政策的情况进行监督、检查、评估和指导。另外也积极开展督导专家责任区工作，组织对学校教育工作开展督导。

对于高校督导机构，目前专业化不是很强，主要是督导部门机构并不完全独立，有的设置在教务处，有的设置在别的部门下面。从督导层级来看，有的高校是三级督导，有的是二级督导，有的只有一级督导。

（三）督导专家专业化

督导专家专业化体现在以下方面：首先，督导专家要有一定的专业技能和专业素养，才能最大限度地为学校提供优质高效服务；其次，督导专家要具有一定的专业权威、行政权威、人格权威，只有这样，才能有效提高学校办学质量。因此，地方高校督导专家必须走专业化发展之路。

（四）督导技术专业化

随着大数据技术的发展，教育督导技术也发生了很大变化。以前，高校督导专家要把大量的时间放在誊写统计数据上，现在，督导专家可用信息技术方法，将督导工作的精度和准度大大提高。

二、地方高校教学督导专业化建设策略

相比西方发达国家，我国现代督导制度起步晚，发展慢。尤其是地方高校教学督导工作，存在着很多不规范、不专业之处。为了促进高校教学督导工作健康有序发展，迫切需要通过多种举措加强高校教学督导工作的规范性。

（一）加强高校督导法治化建设

1. 国家层面要做好高校教学督导立法工作

所谓地方高校教学督导专业化，就是逐步实现督导工作规范化、制度化、科学化。因此，要通过法律、法规和规章体系的保障，来加快地方高校教学督导专业化建设。

目前，在督导法治方面，最权威的文件是教育部制定的《教育督导条例》，它勾画了我国中小学教育督导制度的基本框架。但是对于高校教学督导方面，还没有专门性的法律法规，现阶段，高校教学督导工作还是主要依据《教育督导条例》展开。

要规范地方高校督导工作。从国家层面来看，应该尽快制定或出台“高校教学督导条例”或相关法律，为高校在教学督导重大原则问题上指明方向。“高校教学督导条例”应包括高校教学督导工作的目的与意义、机构设置、督导人员职责、督导工作方式、督导工作模式、高校教学督导人员标准及培训、高校教学督导工作的评价等，以此来规范高校教学督导工作，提高高校教学督导工作的针对性。

2. 地方高校要完善教学督导规章制度

从地方高校层面来看，要量身定制督导实施的规章制度，包括基本制度、工作制度、责任制度等。其中，基本制度应包括高校教学督导条例、督导工作实施细则及教学督导工作手册等；工作制度应以各项评比表彰、督导结果处理、考核程序、督导检查方法、督导课堂教学质量评价体系、教师教学工作评价体系、督导听课制度、校系两级督导制度等为主要内容；责任制度应以教学督导机构职责、督导人员基本职责及考核方法等为主要内容。这些制度的建立，将为逐步形成行之有效的教学督导工作机制奠定良好的基础。

（二）地方高校督导机构专业化建设

1. 建立校、院两级督导领导结构

随着学校管理由一级管理向二级管理推进，应逐步实行两级督导结构。校、院两级督导功能的重点各有侧重。

2. 给予督导部门独立机构地位

现在地方高校督导机构一部分为单独部门，另一部分则是属于教务处或者其他部门的二级机构，独立地位不强。另外，要使地方高校督导机构独立化或真正相对独立化，要给予充足的经费支持。同时，现在的地方高校督导工作过多地依赖学校领导的重视程度，要确立督导机构独立地位，就要完善顶层设计。

3. 要有专业的督导人员

地方高校要建立高校教学督导资格认定制度，以明晰从事教学督导工作的准入标准。教学督导资格认定制度，可以效仿教师资格认定制度，尽量做到从源头上把关。

（三）地方高校督导人员专业化建设

1. 明确地方高校教学督导人员胜任能力

（1）督导人员要有责任心、健康的身体和良好的心理素质，要掌握公正公平的原则。有责任心，能够公平公正地处理事务是个人为人处世的准则，在教学督导中尤为重要。教学督导作为高校教学质量系统的重要一环，督导人员在听课、评估检查时，要坚持负责、公平公正、科学，这样才能做好督导工作。

教学督导员无论是年老的教授还是年轻的教师，无论专职还是兼职，都必须要有健康的身体和沉稳的心态。头脑要清晰，思维要缜密，反应要灵敏，善于在督导过程中与教师进行沟通交流，协同合作。

（2）督导人员要有丰富的教学理论基础。高校教学督导人员要能发现并揭示教学中存在的问题，从专业角度指导教师改进教学，要有扎实的教学理论基础，能在实践中合理运用。

教学督导人员应该具有丰富的高等教育教学经验，最好有从事教学督导工作的经验，这样才能从教学的角度去审视教师的教学工作，洞察教师课堂教学的方方面面，发现教学问题并予以解决。

（3）地方高校督导人员要有扎实的学科专业知识。在学科结构方面，教学督导人员的组成应全面、合理。为了使教学督导专家在对教学发展的认识、学科知识及教学管理上的经验优势能够在督导工作中得到最大发挥，各高校应结合各自的学科特点与督导专家的学科特长，组成不同学科类型的教学督导组，促使教学督导工作更加专业化。

教学督导人员的选聘要有严格的条件要求，一般是某一学科或某一专业的学科带头人。只有教学督导员精通所属专业或学科，才能树立起督导评价在学科领域的权威，才能在相关学科对任课教师的教学做出正确评价和指导。

地方高校督导人员要有良好的理论科研能力。高校教学督导员应该拥有一定的教学科研成果，应拥有协调能力。对于教学中出现的问题，能够有一定的判断能力和研究水平，以进行分析、综合、概括，并能有语言文字准确地表述出来。

2. 要有合理的结构

为促进高校教学督导专业化建设，对于督导人员的组成结构也应有明确具体的规定。

（1）合理的年龄结构。离退休的老教授时间比较充裕，并有丰富的教育教学经验；在任的中青年教师处于教学工作的第一线，教学方法、教学手段等都比老教授更新颖、独特。因此，高校应以老、中、青相结合的方式开展教学督导工作。

（2）合理的职业性质结构。在教学督导中应合理配置专职、兼职教学督导队伍。专职督导具有良好的稳定性，在督导工作中有足够的时间与精力；兼职督导员虽变动性比较大，但更灵活。高校应将专职督导员与兼职督导员相结合。

（3）合理的来源结构。教学督导人员的组成不应只局限于本校的离退休教授及在职教师，还可以聘请其他高校的资深教授、专家或者其他企事业单位的精英，以提升自身办学水平。外校聘请来的督导员与本校职工不存在利益关系与冲突，可以保证督导工作更公正、客观。

3. 强化督导专业化培训

教学督导工作的权威性和实际工作效果在很大程度取决于督导专家的专业化水平，在工作开展的过程中，也需要对督导专家进行一定的培训。

（1）培训内容方面。首先，应进行教学理论知识、督导方法技巧、督导专业知识培训，还可以适当加入一些学科元素。其次，应进行国家的教育方针、政策、法规，督导部门性质、任务和内容等专业知识培训，在培训内容中应注意对最新教育教学信息的传达。再次，应进行思想道德理念的培训，使督导人员思想上热爱教学督导工作。

（2）培训形式方面。应该提高受培训者的积极性，激发其主动参与、互动学习的热情。同时，可以积极通过互联网来拓宽培训的空间，保证培训高效进行。

还可以通过博客、微博等渠道发状态、写日记，实现在线交流、在线答疑等对督导专家进行培训。

第二节 治理视域下地方高校督导体制创新中的信息机制建设

常规督导或专项督导工作和高校其他工作的不同之处在于其信息的收集与整理，但目前地方高校督导信息收集工作存在着信息化程度不高、效率低等缺陷，因此，创新地方高校督导信息收集机制，是治理视域下地方高校督导体制创新工作的重要组成部分。

一、治理视域下地方高校督导信息机制存在的问题

随着高校教学督导体制的不断完善与发展，督导信息管理工作得到了一定程度的加强。但从实际情况看，依然存在着种种缺陷和不足，主要体现在以下方面。

（一）督导工作信息收集欠完整

目前，地方高校督导信息收集主要靠纸笔。督导专家在听课、评价、调研等督导活动中，主要通过填写各类纸质材料来反映各项督导工作。由于督导专家基本上由年老教授或者管理人员构成，对网络等新手段不熟悉，导致督导信息收集得不及时、不全面，直接影响了督导信息的处理和反馈。

（二）督导工作信息处理欠科学

对于大量的原始纸质督导信息，比如教师教学评价分析、学生评教分析，地方高校还是采用人工的方式进行处理，处理效率低，且这些信息发挥不出应有作用，辛辛苦苦收集到的督导结果缺乏系统性和说服力，有时候甚至会造成原有信息的失真或者扭曲。

（三）督导工作信息反馈欠时效

在地方高校督导工作中，信息收集非常重要。但辛辛苦苦收到的相关督导信息，其反馈方式却相当滞后，大部分督导信息要经过若干环节才有可能传达到有关负责人手中，然后再把决策或指示逐级下传，但此时解决问题的最佳时机却已

错过，导致督导工作形成表面功夫。

二、治理视域下地方高校督导信息收集内容

（一）督学方面的信息

督学方面的信息主要是指对学生学习活动多方位进行督促、评价和引导所获取的信息。学生是学校教学活动的主体，是教学质量的直接体现者，督学信息主要通过课堂巡视、巡考，调阅作业、实验报告等学习文档，开展学生满意度调查，召开信息员座谈会等工作方式，形成学生学习纪律与风气、学习目的与动机、学习态度与兴趣、学习方法与能力、学习效果与成绩等有关方面的信息。

（二）督教方面的信息

督教方面的信息是指督导人员对教师教学全过程进行督促、评价和指导所获取的信息。听课评课信息是督教信息的主要组成部分，主要包括教学态度、教学内容、教学方法、教学组织等方面的教学评价信息。除了听课信息外，督教方面的信息还包括课前准备及课后辅导，如备课信息、教案等，以及各个主要教学环节方面的信息，如各类实验（实习）报告、毕业论文、考试（考查）试卷等形成的教师教学效果的评价信息。此外对教学中某个突出问题的调研信息，通过学生座谈会了解到的学生对教师教学意见和建议信息等，也属于督教方面的信息。

（三）督管方面的信息

督管方面的信息是指对学校教学管理工作各方面进行监督、检查和评价所获取的信息。督管信息主要包括教学支持系统、教学后勤保障系统、教务管理系统等各环节信息，督管信息丰富广泛，因此必须妥善收集。

三、治理视域下地方高校督导信息管理机制建设

鉴于当前大数据技术的发展，需要对督导信息管理机制进行改革，使督导信息的收集更方便、快捷，不受时间、空间与地域限制。

（一）统筹规划建好督导信息基础数据库

治理视域下地方高校督导信息基础数据库应包含以下内容：督导专家听评课

数据、各类座谈数据、各类调查数据、各类检查数据、督导简报数据、督导文件数据等。将各类督导信息由纸质材料转化为数据库形式进行管理，可更好地完成教学质量监控指标，实现治理视域下各治理主体对督导信息的资源共享。

（二）统筹规划好数据库模块功能及分析功能建设

治理视域下地方高校督导信息数据库基本模块应包含以下内容：基础数据模块、督导专家组评审模块、数据采集及录入模块、数据分析处理模块及用户管理模块等。治理视域下地方高校督导信息数据库分析模块应包含以下内容：督导信息网上采集、检索查询、数据统计、分析及提供决策信息支持等各类管理目标。这样，有了采集分析功能，可以使督导信息不受时间、空间限制，各类督导信息流完整、迅速地汇集到决策层面上来，使各类督导信息会合在一起，形成科学的分析结果，通过网络及时反馈，减少反馈中间环节，使各部门、各教师的改进更有时效性和针对性。

（三）统筹规划好督导信息网络交互平台

地方高校督导信息网络交互平台应包含以下内容：网上督导论坛、督导通知公告、经验交流、师生互动、资料下载等专栏。各治理主体在该交互平台上可以更充分、更自由地交流，反映存在的问题；可以更便捷地进行沟通、交换意见和研讨工作；可以提供网上在线指导咨询服务，推广成功教学经验和方法；可以及时发布问题整改方案及结果等，形成督导信息双向顺畅的互动式机制，以实现各治理主体与教学决策系统、教学执行系统的良性互动。

总之，治理视域下的地方高校督导信息收集，应该以大数据为基础，形成多元协同互动机制，以此提升地方高校督导水平，提升地方高校教学质量。

第三节　治理视域下地方高校督导体制创新中的业务反馈机制建设

在以往的地方高校督导实践中，督导专家或者督导部门往往发现了问题，找到了问题，却难以反馈问题、解决问题。因此，顺畅的反馈通道，在高校督导体制改革中非常重要。地方高校督导体制创新中的业务反馈机制包括建立反馈渠道、反馈信息跟踪机制和调节控制机制三个组成部分。

一、地方高校督导体制创新中的业务反馈渠道

反馈是指将控制系统的输出信息反送到输入端，与输入信息进行比较并叠加，影响系统再输出的过程。[①]就信息流动的情况看，这一过程分为信息输出、信息返回输入、信息再输出三个阶段，构成一个不断循环往复的闭环控制系统。信息反馈作为系统调节控制的基本方式，对系统的控制起着决定性作用。地方高校督导体制创新的各个环节都是其反馈系统的组成部分，实际上地方高校督导行为本身就是一个反馈的过程，即通过督导目标、督导过程、督导结果，使地方高校教学质量不断提升；督导行为本身也是一个价值判断的过程，它把督导过程中的不同信息反馈给不同的对象。反馈信息的再输送必须通过一定的信息反馈渠道来完成。根据反馈的对象和要求，可以分为三种不同的反馈渠道。

（一）向上级领导或者职能部门反馈

由督导专家向决策者汇报督导结果，向他们提供决策依据或者改进意见。这是纵向反馈方式，主要由督导专家或督导部门向学校行政职能部门或上级教育主管部门全面反馈有关信息。反馈的形式可以是书面汇报，也可以是口头汇报或召开汇报会。无论采取哪种形式进行，都要求全面真实。

（二）向被督导者反馈

由督导部门或者督导专家向被督导对象（主要是教师和学生）直接反馈相关结论，使被督导对象能迅速、及时了解教学和学习的效果，并提出今后改进的意见和建议，引导、激励被督导对象持续改进、提高自己的工作和学习效率。这是一种点对点式的反馈方式。当然，这里的督导对象既可以是个人，也可以是相关利益群体，这对于提高高校教学质量尤其重要。

---

① 李晶，刘霞．现代管理学基础[M]．北京：高等教育出版社，2000：162.

（三）向大众反馈

督导部门或督导专家通过一定的媒体或渠道在一定范围内公布督导结果。这是一种横向反馈方式，主要用于督导结果中具有公共价值又不涉及保密性的数据和信息，通过报纸、网络等大众媒体，在不同的范围内公开，既可作为相关学者进行研究的有效资料，又可促进教师相互学习、借鉴，取长补短，还可接受社会相关利益群体的监督，广泛争取社会大众的认同和支持，从而大大提高督导信息的使用率。

二、地方高校督导体制创新中的业务反馈信息跟踪机制

反馈通道建立以后，督导部门或者督导者明确了反馈信息的流向，下一步的工作是要将反馈信息以科学、恰当且具有建设性的方式反馈给相应的接收者，促使其最大限度地接收信息，这是建立良好督导信息反馈体制的最大价值。

地方高校督导体制中督导信息的反馈，应结合地方高校督导对象的特点，分对象、分层次地进行。其基本过程就是督导者根据不同的督导目标，确定反馈信息，并通过一定的信息反馈通道，向决策者、督导对象或其他反馈信息接收者传递信息，促进反馈信息接收者自己强化或校正相关行为，形成新的信息输出，从而构成一个完整的、良性循环的信息流程。在这个过程中，督导者将根据反馈信息、反馈通道及反馈信息接收者的不同情况，采取不同的方法方式进行反馈。一般来说，反馈信息必须遵守以下原则。

（一）督导信息反馈要客观、全面

客观、全面、准确，努力实现价值判断与客观事实的统一，是贯穿于整个督导行为过程的总的原则。但在实践中，督导工作不可避免地会受到一些主观因素的影响。因此在各个环节都要强调督导工作的客观性、全面性，强调要以促进教师、学生的全面发展与学校教学质量的提高为出发点和落脚点。另外，督导部门或督导专家在向被督导对象反馈结果时，除了认真分析、全面把握督导报告所反馈的信息外，还要了解督导对象其他方面的情况，以弥补反馈信息的不足，矫正反馈信息的误差，使学校从督导活动中真正受益。

（二）督导信息反馈要及时

信息社会，瞬息万变，督导信息及时反馈是十分必要的，只有及时，才能迅速发现问题，然后把问题解决在萌芽状态。同时，要发挥好激励功能，也要求督导部门或督导专家尽快将督导结果反馈给督导对象，使督导对象能根据反馈信息及时调整自己的教学方法，实现正向激励的促进作用和负向激励的鞭策作用。

（三）督导信息反馈要有指导性的意见和建议

督导行为的目的是提升教师教学品质，促进学生全面发展，因此在处理督导与评价信息、反馈督导结果等环节中，督导部门或者督导专家要帮助相关人员找出产生问题的根源，并提出指导性的意见和建议。

三、地方高校督导体制创新中的业务反馈调节机制

督导行为的目标是“以评促教，以评促建”，通过督导评价改进教师教学活动，促进学生全面发展。这一目标只有通过调节控制才能实现。地方高校督导体制创新中的反馈调节控制，是指在督导行为中，围绕督导的具体目标，结合反馈信息进行分析研究，进而采取相应措施，对督导活动进行调整，以增强督导效果。

在反馈调节机制的三个环节中，建立良好的反馈渠道和反馈信息跟踪机制是为了实现督导信息的反馈，而督导信息反馈的目的在于对督导行为及效果进行调节。对于决策者而言，反馈信息是有效调控的重要依据，影响着决策者的决策水平；对于被督导者，反馈是有效调控个人教学行为的重要前提，只有通过反馈发现存在的问题，才能及时调整教学行为。因此，调节是地方高校督导体制创新中信息反馈机制的落脚点，是教学质量提高的重要保证。

地方高校督导体制创新的反馈调节没有固定的统一模式，督导目的、督导内容、督导环境、督导主客体不同，都会影响到反馈调节的实施和效果。因此，要根据不同的情况和要求，因时、因地制宜。在地方高校督导体制创新的反馈调节中，必须注意以下几点。

（一）正反馈调节机制与负反馈调节机制相结合

正反馈调节机制是指“将系统运动的反馈信息返送回来，加强再输出信息，

以扩大系统运动的正效应；负反馈调节机制是指将反馈信息对照预定的目标，对所有偏离目标的因素进行调节和控制，从而使整个系统趋于稳定状态”。①地方高校督导体制创新中要通过负反馈调节，不断完善督导行为活动，协调督导行为中各复杂关系，保证督导活动效果最优化。

（二）过程反馈调节机制与结果反馈调节机制相结合

过程反馈调节机制是在督导活动中进行的。通过督导活动—反馈—调节，将督导活动中反映出来的反馈信息，不论是优点还是缺点都在较短时间内反馈给督导对象，以利于教师增强教学能力。过程反馈调节机制是提高督导行为效果的关键。

结果反馈调节机制是在督导行为活动结束后，将对督导对象的定性与定量的督导结果，返送到督导活动系统的输入端，与预先设定的督导活动目标进行比较，发现问题，找出差距，并采取措施纠正偏差的调节方法。结果反馈调节机制是提高督导活动针对性和实效性的关键。

只有把过程反馈调节机制与结果反馈调节机制结合起来，才能形成完整的地方高校督导体制创新中的反馈调节机制。

（三）主体反馈调节机制与环境反馈调节机制相结合

主体反馈调节机制是指通过督导部门或者督导专家对督导行为活动的自我反思，对督导行为等方面进行调节，以实现有效调控。主体反馈调节机制有利于发挥督导部门或督导专家的主导性。

地方高校督导行为活动实施总是处于一定的社会舆论之中，是被督导者或者利益相关者的意见、观点和看法的总和。环境反馈调节机制就是通过对督导行为活动外环境的导向和调节，强化正向舆论氛围，抑制负向舆论氛围。首先，地方高校要形成统一的质量观，比如通过“以学生为导向”促进督导管理的服务质量持续改进。其次，要加强高校督导工作的宣传，推进各治理主体了解督导文化，提高督导工作亲和力，使督导工作更加“接地气”。

① 李晶，刘霞．现代管理学基础[M]．北京：高等教育出版社，2000：168.

总的来说，主体反馈调节机制的反馈信息主要来源于督导部门或督导专家，因此往往带有一定的主体性、主观性，而环境反馈调节机制则扩大了反馈信息的来源和信息的客观性、准确性。要将两种反馈调节机制结合起来，才能促进督导行为活动的实际效果最大化。

第四节　治理视域下地方高校教学督导体制创新中的评估机制建设

地方高校教学督导人员一般为在职或外校（本校）退休人员，可以称为“临时性”人员，专业性不强。因此，治理视域下地方高校督导体制创新机制建设方面，也需要对督导部门、督导专家的工作成效、专业能力等进行系统评估与价值判断，以此督促他们不断改进。

一、治理视域下地方高校督导体制创新中评估机制建设原因

虽然目前地方高校督导对提升各校教学质量起到了不可替代的作用，但还存在一些问题。

（1）督导工作透明度和反馈程度不高。一般高校有二级督导组织，但是各学院之间的二级督导组织间的交流却不多。另外，校级督导专家与被督导部门或教师之间的交流也很少，督导部门或专家意见给教师的反馈也很少，教师从督导工作中所得到的帮助程度有限。

（2）聘请的督导专家水平不是非常高。由于各种原因，督导专家的专业水平不是很高，引起被督导部门或教师心理上、行为上的不满，反而给教学质量带来负面影响。

（3）督导过程不是公开、公正、公平的。专家在平时的工作中容易回避问题、走过场，导致对教师教学工作评价缺乏公平。

（4）督导机制本身缺乏创新。目前高校督导工作按部就班，缺乏创新机制，督导信息发布、经验交流等提升质量的宣传受到极大的限制，导致地方高校督导

组织提高教学质量的价值与初衷无法体现。

针对上述问题，治理视域下地方高校督导体制创新建设，有必要对地方高校督导部门本身进行评估，建立相对应的评估督导机制。

二、治理视域下地方高校督导体制创新中评估机制路径建设

对督导部门和督导专家进行评估，是治理视域下地方高校内外部多元、多层级主体共同参与的行为，评估主体主要由政府、学校校级领导、就业单位等共同组成，因此要有侧重点地进行评估，可以从宏观、中观、微观等层面进行评价。

（一）宏观层面建设

对地方高校督导部门和督导专家进行宏观层面评估，评估成员主要应由政府、学校校级领导、就业单位等共同组成，评估目标主要以宏观统筹为主，以整体考察地方高校教学督导部门、督导专家的工作开展情况，及督导工作是否达成目标。具体工作开展需要从如下方面着手。

（1）完善督导部门或者人员目标标准建设。在学校外部，要充分引导就业单位及第三方机构来校定期评估；在学校内部，督导部门要结合学校发展情况，使目标设定得科学、合理、实际，以此推进地方高校教学督导体制创新建设向合需要性、合目的性方向发展。

（2）充分发挥宏观统筹层在地方高校督导体制创新目标落实情况上的督促和监督作用。通过宏观统筹层有效整合对督导部门进行评估的内、外部评估主体，共同定期进行对督导部门目标的落实和达成情况的评价和考核，重点考察督导部门目标的达成情况、人才培养目标的达成情况，全面监督地方高校教学目标和人才培养目标的达成情况。

（二）中观层面的评估机制建设

在地方高校教学督导部门及督导专家的督导评估中，中观层面的评估主体主要由地方高校内部教学部门、各专门委员会、校企合作办公室等共同组成。通过组建专门的评估机制，以整体考察督导部门及督导专家督导行为过程质量的基本情况。因而，中观层面的评估，以督导部门及督导专家行为为主，为此，具体工

作开展需要从如下方面着手。

（1）加强督导部门及督导专家行为机制建设，建立过程性问责机制，以实现对督导部门及督导专家行为的督导、督促和保障。

通过行政问责、合法问责、资格问责等多种问责方式，促进外部主体对教学督导行为的过程性保障：此外，从内部治理机制来看，主要通过绩效问责、过错问责等方式，对督导部门及督导专家行为进行实时质量评价，及时督促督导部门及督导专家持续改进。

（2）对督导部门及督导专家行为以“导”为主。对督导部门及督导专家行为进行督导评估时，也应突出其灵活性建设，使督导部门及专家进行督导的内容和方式，能够根据地方高校教学督导体制任务目标、市场经济发展需要、地方高校学生的职业成长规律而进行动态式调整，以有效发挥督导部门及督导专家在推进教师教学质量提升上的方向导向、激励和调控作用，而不成为限制地方高校教师教学突破固有发展模式并进行改革创新的绊脚石。

（三）微观层面的评估机制建设

在地方高校对督导部门及督导专家行为进行督导评估的体制创新中，微观层面的评估主体主要由学校内部教学管理部门等共同组成。微观层面评估的重心在于能力评估，注重能力本位治理。为此，具体工作开展需要从如下方面着手。

（1）对督导部门及督导专家督导的督导工作理论进行评估。高校督导由于建设时间短，各校都在摸索之中，教育部在这方面也还没有明确的规定，所以现在教学督导工作在高校仍是一项全新的工作，不论是学术权威人士还是领导干部，都必须加强学习。督导部门及专家要加强与外界的交流，努力学习教学督导理论，完善督导方法，提高督导工作水平，以适应高等教育发展新形势对督导工作的需要。

（2）对督导部门及督导专家的督导实践进行评估。要对督导部门及督导专家工作过程的科学性、规范性和最终的督导质量进行科学的评价。对督导实践工作的评价，既有助于广泛听取广大教师的意见和建议，增强工作的透明度，将督导工作置于监督之下，提高工作质量和效益，也有利于督导员及时总结经验、扬长补短，完善自身。

（3）对督导部门及督导专家督导的自身修养、治学态度、行为举止、督导动机等进行评估。教学督导涉及高校教学工作的方方面面，作为督导员应谦虚严谨、公平公正，具有良好的职业素质。同时，督导工作应该更具原则性、科学性、权威性。

（4）评价教育督导队伍的组成是否合理。主要针对督导队伍的人数、专业、年龄结构等方面做出评价。

（5）定期追踪被督导单位、教师工作的改进状况，以及群众反映本身就是教育督导工作的一个重要环节，也是评价督导工作开展质量的一个重要途径。

第五节　治理视域下地方高校督导体制创新中的专业协商互动机制建设

在日常生活中，协商是处理人与人关系的润滑剂；在政治领域，协商则是一种重要的民主形式。协商有一种静水流深的力量，推动着社会前进。

鞋子合不合脚，自己穿了才知道。在我国政治生活实践中，关于经济社会发展的重大问题和涉及群众切身利益的实际问题，日益普遍地通过各种渠道实现有效协商。通过协商来听取意见、汲取智慧、解决问题，这一认识正日益获得人们的广泛认同。这不仅彰显出协商的生命力，也折射出协商在我国具有独特的优势。今天，协商不仅成为推进民主的一种制度自觉，更沉淀为人们的一种民主素养。

一、地方高校督导体制创新中协商互动机制的内涵

教育过程中的协商会带来心灵融合，从而使学校、教师提升教学质量与学生得到良好教育服务的最终目标达成一致。因此，在地方高校督导体制创新的理论和实践中，可以合理地借鉴协商互动的思想。在地方高校督导体制创新领域建构地方高校督导行为协商互动机制，正是受到了协商的影响和启示。

（一）地方高校督导行为中协商互动的含义

地方高校督导行为中的协商互动是指督导行为中的当事人共享权力，通过协

商、对话、互动、合作共同完成有关督导事务，旨在使被督导者成为主动而乐意的参与者，以改变以往督导行为中被督导者被动、不情愿或受强制的状态。在协商互动式督导行为中，被督导者的主要作用在于，需要的时候给予指导和必要的信息，这改变了高校督导专家以往的权威地位，使其由指挥者变为协商者、合作者。督导结果也应由督导专家与被督导者共同参与完成，通过共同探讨，总结收获，对不尽如人意的地方，持续进行改进，使高校督导行为不再是强制的过程，而是协商的过程，通过协商共同提高高校教学质量。

地方高校督导体制创新机制中的协商互动机制强调高校督导过程中利益各方参与其中的重要性，认为高校督导行为就是所有利益相关者共同参与、共同协商的过程。在此过程中，参与者分别提出各自的意见和看法，阐明自己的需要和要求，体现了价值的多元取向，它改变了以往被督导者消极被动的地位，改变了以往督导专家单方掌控结果的格局，这种督导机制体现了人性化和民主化。

（二）地方高校督导行为中协商互动的特点

1. 强调价值多元

地方高校督导体制创新机制中引入协商互动，应以所有与督导行为有利益关系的人所提出的问题作为督导行为先导，通过督导专家与相关人员的不断对话，寻求满足各种人需要的方案。它强调价值观念的发散性，重视所有参与督导的人的意图，满足评价听取人对信息的需求。

2. 督导行为中广泛征询意见

地方高校督导体制创新机制中引入协商互动，就应在制订督导计划或者开展督导行动时，广泛考虑各方意见；然后督导专家要进行细致的观察，详细记录活动中出现的任何问题，从中找到被督导者需要的有关事实；接着设法利用一切交流媒介，收集持有不同观点的人的意见，收集被评价者的看法；最后将资料进行统整汇总，得到最终督导结果。

3. 权力共享

地方高校督导体制创新机制中引入协商互动机制，其实质就是强调各方权力共享。事实上，权力共享的过程也是督导专家和被督导者协商的过程，它提高了被督导者的责任感，提高了督导专家的批判反思能力。通过协商，督导专家和被督导者可以自主地思考与行动，而非按照传统的习惯或者他人的指令行事。

二、地方高校督导体制创新中协商互动机制的运行

从过往实践中可以看出，高校督导行为实际上是一个控制性链条，学生受制于教师，教师受制于督导，在此控制链条之下，绝大多数情况下教师和学生其实只能奉命行事。

在地方高校督导体制中引入协商互动机制，意味着被督导者与学生有权力也有责任参与督导行为，共同促进学校发展与教育质量提高。基于对这种传统的地方高校督导体制机制的批判，协商互动机制的引入鲜明地体现出我国目前教育治理的本质。因此，地方高校督导体制创新机制引入协商互动机制，督导专家或者督导部门应将被督导者、学生视为督导行为过程中的信息提供者、协商者或计划者。

（一）地方高校督导行为中协商互动机制的关注点

1. 关注发展

通过协商引导和促进发展，是地方高校督导体制创新机制引入协商互动的核心思想。引入协商互动，并促进督导机制有效运行，目的是使督导行为中当事人为了一个共同的目标而努力，最终促进学校发展，推动教师专业发展，提升学校教学质量，为学生提供良好教学服务，从而最终促进学生学业水平提高。在以往的督导行为中，有的被督导者的积极性被挫伤，甚至形成心理阴影。

2. 强调多元

在以往高校督导行为中，督导主体是单一的，主要由督导专家担任。而当前，督导行为中评价主体的多元化主要体现在包括被评价者在内的相关人员都参与督导行为，这不仅改变了以往的对立关系，加强了信任与合作，而且充分体现了个体需要的多元价值取向。协商互动不仅增强了被督导者对评价的责任感与评价能力，而且提高了他们的民主协商意识及合作参与能力。

3. 注重反思

协商互动非常强调反思，地方高校督导体制创新中引入协商互动，其精髓和核心是反思与批判。反思的内容可包括整个督导过程，专业发展随之成为个人满足感的最大来源。这种反思，既是有效的，也是令人感到愉快的，行动研究和协商一起推动教师专业发展。此外，通过批判性反思，常规制度下的督导实践方式会慢慢地受到质疑。

（二）地方高校督导行为协商互动机制中的角色扮演

在地方高校督导体制创新中引入协商互动机制，在其运行过程中，督导行为当事人（包括督导者和被督导者）角色扮演的成功与否直接影响这种机制的有效运行，具体如下所述。

1. 协商者

督导的过程就是协商的过程中，督导当事人应成为协商者，督导专家不应仅仅充当专家，而更应该是协商者。

2. 合作者

督导的过程也是合作的过程中，督导当事人应成为合作者。地方高校督导事务并不应该由督导专家单方面来完成，而必须有被督导者的参与。督导者要把一些强制的和非协商的要求向被督导者讲清楚，必须用专业眼光来判断督导目标和督导内容选择的合理性、督导活动组织的适当性，以取得被督导者的充分合作。如果协商后的计划难以奏效，督导者有责任进行必要的调整。

3. 反思者

地方高校督导体制创新中引入协商互动机制的核心是反思性实践，并为反思性实践提供了契机和舞台，因此，无论是督导专家、领导，还是被督导者，都是反思者。该机制要求督导行为当事人都要进行反思，在反思的基础上采取行动，以持续提升教学质量。

4. 行动者

地方高校督导体制创新的协商互动机制以其显著的实践性特征加强了督导与实践的联系，主张督导专家作为行动研究者，教师、学生、其他利益相关者也由局外人转变为合作性行动研究者，该机制下不存在责任规避问题。

实际上，地方高校督导体制创新引入协商互动机制后，其在运行过程中也可能存在很多困难。协商本身就意味着花费更多的时间，而许多督导行为当事人可能不愿意花费那么多时间与精力；另外，许多学生更愿意接受督导的权威，突然赋权于学生往往是危险的，因为许多学生不愿分享权力，不喜欢协商过程，不知如何运用权力进行协商，不信任教师或协商过程，即使这对他们有一定的吸引力，等等。但这并不能否认协商互动机制的重要性。

诚然，我国地方高校督导体制创新的实施与完善需要构建一种开放、对话、协商与合作的课程文化。但是，在我国当前的学校教育实践中，教师与学生实际上一直处于课程发展的边缘。因此，如何让教师与学生真正参与课程发展从而增强课程的适应性，就成为课程质量监控的一个聚焦点。

第六节　治理视域下地方高校督导体制创新中的档案机制建设

档案是国家机关、事业单位或个人在进行有关活动的过程中，对具有保存价值的各类文本、图片及音视频记录等进行保存的资料。随着大数据的发展，地方高校督导档案建设日趋落后，因此，治理视域下地方高校督导体制创新中，档案机制建设尤为重要。

一、治理视域下地方高校督导档案的内涵

高校督导档案是指高校在督教、督学、督管过程中产生的资料。督导档案是全面记录教学督导信息的重要资料，是高校接受教学评估的重要支撑依据，为高校教学工作提供保障，对教学工作的开展具有重要的推动作用。

二、治理视域下地方高校督导体制创新中档案机制建设存在的问题

随着大数据时代的来临，地方高校督导工作档案管理虽然逐渐得到重视，但从治理视域来看，仍然存在很多问题，主要表现在以下方面。

（一）地方高校督导档案管理专业性不强

1. 档案专业知识缺乏

地方高校督导工作人员档案意识缺乏，对档案资料的收集、建设、管理工作不重视，没有用科学的理论对督导档案收集进行指导。

2. 督导档案信息收集不全

地方高校督导档案材料收集不完整，只重视红头文件的收集、归档，对督导管理的原始教学资料收集不齐全。

3. 地方高校督导档案管理查阅程序不规范

督导管理人员没有及时对督导档案资料进行整理和归类，进而产生了很多问题，在档案查阅过程中往往很难找到需要的资料。

（二）地方高校督导档案管理信息化程度不高

信息化督导档案管理可以提高档案管理效率，更好地保证督导档案资料的安全性，同时也保证督导档案资料查阅及归类的便利性，但目前地方高校督导档案管理信息化程度还不高，体现在以下方面。

1. 督导档案管理信息化平台还有待建设

信息化档案平台的功能很多，但目前信息化平台建设还处于起步阶段，因此，完善督导档案信息化平台建设是治理视域下地方高校督导体制建设中档案管理工作现代化建设的一个重点。

2. 督导档案资料信息化共享建设有待加强

传统档案管理往往无法全面、准确展现档案信息，督导档案信息化建设能较好地呈现信息的完整性，便于随时随地进行资源共享，但目前地方高校督导档案管理信息化建设中的资源共享理念还有待加强。

三、地方高校督导体制创新中高校档案管理改革的必要性

做好地方高校督导档案管理现代化建设工作，对地方高校各项工作的开展具有十分重要的意义。关于如何有效地开展治理视域下地方高校督导档案管理现代化建设工作的说明如下。

（一）做好地方高校督导档案管理专业性建设

1. 构建完善的督导工作档案管理制度

治理视域下的地方高校督导档案管理，要构建好现代化档案管理制度，要摒弃传统的档案管理理念，跟上时代发展的步伐，将大数据管理思想融入督导工作现代化档案管理建设工作中。

2. 建立督导工作档案管理工作责任制

要实现高校督导工作档案管理现代化，就必须建立档案管理工作责任制，将工作责任落实到人，在责任制度中建立奖惩制度。

3. 提升督导工作人员档案管理专业素质

治理视域下档案管理现代化建设，要切实提升工作人员的专业素质，要对督导工作人员进行培训，提升其档案管理思维及实际能力。

（二）做好地方高校督导档案管理信息化建设

1. 加大督导档案管理信息资源的外部开发力度

高校督导档案管理现代化建设，必须加强档案管理信息化建设，利用网络、信息技术，对督导档案进行有效分类、分层管理，使档案查阅者能快速、准确地找到相关资料。

2. 开发更多的网络服务体系，增加督导档案资源的利用率

要发挥督导档案的作用，就要对高校督导档案管理现代化建设成果进行大力宣传，使师生更好地利用督导档案管理系统，充分发挥督导档案资料的价值，使档案管理现代化建设更有意义。

第七节　治理视域下地方高校督导体制创新中的督导结果运用机制建设

“督导结果是整个督导活动的工作总结，它具有很强的指导性、时效性和权威性，必须充分利用。对督导报告中提出的问题，要及时予以解决；提出的建议

和要求，要积极采取措施，予以落实，并将情况反馈给督导部门。”[①]目前对于地方高校督导来说，其结果的运用是薄弱环节。因此，在进行治理视域下地方高校督导体制改革时，也必须重视其督导结果的运用，要用数据说话、用专业说话，把督导结果运用到实处，增强教育督导结果运用的实效性，补齐地方高校督导的最后一块短板。

一、治理视域下地方高校督导结果运用的作用

地方高校督导部门在结果运用方面还存在一定的欠缺。地方高校督导结果，对被督导部门或者个人教学质量的结果，起着评定、反馈、指导等作用。

（一）指导作用

督导结果或者报告必须科学、严谨、公正和客观，且具有较高权威，对被督导部门或者个人教学质量的提高具有一定的推动作用，并对之后的教学工作起着指导作用。

（二）反馈作用

督导结果可以真实地反映被督导部门或个人所出现的问题，指出被督导部门或个人存在的问题，具有监督、警示作用；同时，督导结果可以帮助被督导部门或个人认清存在的问题与不足，使其及时改进工作。

（三）引导作用

督导结果可以将优秀的教学经验供给其他部门学习与借鉴，以帮助其他部门提高教育质量。督导结果具有一定的引导作用。

（四）评定作用

地方高校督导结论会及时反馈给相关主管部门，既可以作为奖惩依据，又可以成为决策参考。

---

① 向宏业．湖南教育督导制度构建[M]．长沙：湖南科学技术出版社，1999：97．

二、治理视域下地方高校督导结果报告的撰写

地方高校督导报告是结果处理的主要方式，其内容可包括基本情况、成绩与经验、存在的不足与建议等几个方面；被督导部门或者个人应据此做出整改报告。通常的督导报告的格式如下所述。

（一）高校督导报告撰写的主要内容

（1）标题。简明扼要地把被督导部门或者个人的名称，以及督导活动的主题写进标题中，如“××二级学院学生满意度调查的专项报告”。

（2）督导的基本情况介绍。一般交代督导活动的一些基本情况，如督导的基本过程、有关数据，包括听课节次、访谈人数、座谈次数、测试问卷等。

（3）主要成绩和经验说明。本部分是督导报告的主要内容，也是督导部门运用科学的督导评估手段，全面、客观、公正地对被督导部门或者个人的教学成绩进行的介绍，或者提炼出的值得推广的经验。

（4）存在的不足及建议。这是督导报告的重要内容，针对被督导部门或者个人在教学中存在的问题，提出改进建议。

总之，督导报告必须做到内容真实、重点突出、有理有据，对问题的处理要有分寸。

（二）高校督导报告撰写注意事项

1. 督导报告要用数据说话

地方高校督导报告结果要坚持用数据说话，要把掌握到的各类数据运用到督导报告中，这样才能使督导效果最大化、最优化。

（1）掌握好大数据。大数据时代影响着人们的思维、生活和工作方式，地方高校督导部门要积极做好各类信息平台、教师管理评价系统、教学质量监测数据库和网上平台等大数据平台的建设工作，树立用大数据说话的理念，增强运用督导数据的能力，为提高治理视域下地方高校结果运用的科学化水平提供数据支撑和参考。

（2）掌握好动态数据。教育督导结果不可能仅仅为一次通报、一次奖惩，要

通过横纵对比精确掌握并用好各级各类学校的动态数据，做好分级分类督评，使督导结果运用得更好。

（3）运用好个性数据。地方高校各部门或者教师都有自己的特色，要通过数据帮助学校挖掘特色，掌握并用好个性化数据，促进学校教学特色发展。

2. 督导报告要用专业说话

面对新时代、新形势，地方高校督导部门应该用专业说话，让督导结果更令人信服。比如，督导人员要有业务能力，能科学制定访谈提纲及问卷，有较好的访谈技巧，善于对问卷采用量化方法处理，要能跟上时代步伐，了解当前高等教育改革、课程改革、考试方式等动态信息。只有在督导过程中用专业说话，督导报告才能让师生信服。

3. 督导报告要让被督导部门、人员说话

督导评价最终落脚点是促进学校发展，而让被督导部门或者人员有机会说话，能更好地发挥督导结果的导向功能。每次督导评估前，要求各校对照评价指标先自检、自查、自评，自找问题及分析原因，体现出自评作用。另外，督导活动结束后，被督导部门或个人还可以向督导机构口头反馈。这样，地方高校督导部门撰写的督导报告不但质量高，而且可操作性更强；被督导部门或者个人愿意用，也更愿意主动改进，使督导结果更实用。

三、治理视域下地方高校督导结果运用机制建设

只有督导结果得到充分运用，才能真正发挥出高校督导的督促、检查、评估、指导作用；若督导结果得不到充分运用，地方高校督导工作就势必失去其权威性而流于形式。

（一）从知情角度讲，建立好督导评估通报制度

地方高校建立和运用好督导结果通报制度，既有利于营造全校都来关心、支持学校教育质量的浓厚氛围，又有利于调动学校自我完善、自我发展的积极性，还有利于学校决策部门在经费投入、师资队伍建设、教学工作等方面做出正确的决策，科学谋划全局。建立通报制度要注意以下两个方面。一是督导结果通报的

范围要合理，督导结果通报的形式要多样。治理视域下的地方高校督导评估结果，不仅可以在本校内通报，还要通过网络、电台、报纸等各类形式通报。二是通报的内容既要指出成绩，又要有各类数据分析，更要指出努力方向。

（二）从激励角度讲，建立督导结果奖励制度

地方高校各部门都要重视督导结果运用，要进一步健全督导结果的导向作用，要把督导结果作为评优评先的重要依据。这样，在下次的督导过程中，各部门就会真正地运用上次督导结果自查自纠，事后认真整改。

（三）从持续改进的角度讲，建立督导结果通报“回头看”制度

地方高校教学质量的提高，是一个循环、不断改进的过程，因此必须建立督导结果通报“回头看”制度。督导部门制定出“回头看”的工作方案，发现原先被惩部门有了彻底整改的，则可以取消相应处罚，实行相应奖励。通过“回头看”，使督导结果运用成为一个动态过程，促使学校教学质量不断提高。

第八章　结论与展望

中华人民共和国成立 70 多年来，中国社会发生了翻天覆地的变化。党的十八届三中全会首次提出“推进国家治理体系和治理能力现代化”，在实现中华民族复兴征程上，教育治理现代化是深化我国教育综合改革的具体抓手。高等教育领域作为教育领域改革的排头兵，其改革征程也进入了深水区。目前，在地方高校督导体制的改革中，其本质仍然是单一主体管理仍占核心位置。因此，如何使地方高校督导体制适应当前发展，是高校督导工作研究者、管理者在理论及实践上均需关注的核心问题。创新地方高校督导体制是一项系统工程，涉及理念更新、价值引导、思维变革、体制创新、技术创新、实施保障等方方面面，必须抓住关键环节，有的放矢，走中国特色内涵式发展道路。

一、研究结论

地方高校督导工作从管理走向治理，是现代化发展的需要，也是地方高校督导工作者管理者现代性理念的体现。地方高校教学督导体制创新是一个内外部多元治理力量参与、多维度综合治理、全过程综合循环的机制。对地方高校督导体制本质、地方高校督导体制现状进行探讨与实证研究，逐渐引发对一些问题的思考，构成了本研究的基本问题。正是基于对这些问题的思考，本研究在综合哲学、管理学、教育学等相关理论的基础上，逐级深入探索地方高校督导体制新模式，促使地方高校教学督导体制新模式达到理想状态。具体来说，本研究得到的研究结论如下所述。

（一）从准公共物品的供给来看，要实现地方高校督导体制创新目标，必须使其管理体制实现由管理向公共治理转变

本研究在系统梳理高校督导管理发展历程的基础上发现，地方高校督导体制

创新之所以需要治理，是因为地方高校督导体制创新中存在问题，从这一角度来说，发现并承认地方高校督导体制中的各类问题，是地方高校督导工作治理的首要任务。地方高校督导体制创新治理的根源产生于时代的发展需求，如果时代不向前发展，则地方高校督导体制不需要治理，如果时代继续向前发展，地方高校督导体制则需要由管理变为治理，以适应时代变革的需要。治理是一个过程，它不是目的，也不是结果。地方高校督导服务作为准公共产品，要实现体制创新目标，符合公众利益，必须使其管理体制由管理向公共治理转变。

（二）地方高校督导体制创新是制度创新的产物

地方高校督导体制创新治理机制的设计主要体现在规制设计上，它通过制度创新规范并约束各利益相关主体行为，促进多方主体和谐合作，实现利益最大化。地方高校督导体制创新机制是保障高校、学生、公民、社会共同参与高校督导事务管理，并承担相应的责任，是“高校主导、多元合作、利益互惠”的机制。地方高校督导体制创新，是在充分调动利益相关者积极性的基础上，达成实现高校督导服务公共利益最大化的过程，是高校督导顺应时代发展潮流的制度创新产物。

（三）构建了地方高校教学督导体制创新的内容框架及实施保障机制

本研究基于治理理念，建构了与之相适应的以“共治”求“善治”的地方高校督导体制创新内容框架，具体从治理主体、法治机制、督导信息搜集机制、反馈调节机制、督导结果运行机制、督导档案收集机制等方面来建构。在实施保障机制方面，具体从组织保障、利益共享机制、制度机制等方面进行构建，全方位确保通过地方高校教学督导体制创新的共治，逐步达成治理目标，最终使地方高校教学督导体制创新进入理想模式。

二、研究价值与创新之处

本研究基于地方高校督导体制运行现状，采用具有适切性的治理理论，借鉴东亚文化圈内国家高校督导工作的优点，从治理理论视角对地方高校督导工作的现状进行多层面、多角度的分析，进一步丰富了高等教育督导管理理论，使高校督导工作研究者、实践者能从治理的角度对地方高校督导体制创新进行理性思考与理论审视。

（一）研究价值

1. 理论价值

（1）有利于深化治理理论视域下对地方高校督导体制创新的理性认识。对事物进行研究，首要解决的问题是必须要找到开展研究的理论切入点，必须要有逻辑起点。对现实问题进行研究，必须要解决“是什么”“为什么是”两个问题。“是什么”反映的是事物的本质内涵；“为什么是”反映的是事物的功能主义思维。对绝大多数关于地方高校督导问题研究进行考察，发现绝大多数研究集中在“功能主义”上，而对于“是什么”这个本质研究则相对缺乏。

改革开放40多年来，在党的领导下，我国进入了大变革时期。随着5G的布局，中国进入科技创新时代。兴起于20世纪90年代的西方国家的治理理论，立足于传统的公共管理，反思和批判公共管理理论的不足，对现代社会出现的许多管理领域问题，提出了新的理论与应对策略。治理理论的核心思想在于在公共事务的管理和组织中，管理主体由单一主体管理向多元主体治理转变，市场、社会、其他利益主体通过全员参与，和谐合作、平等协商，实现利益最大化，这对于健全和完善地方高校督导体制，无疑具有很强的理论价值。

（2）有利于丰富我国高校督导管理理论。目前，大部分对高校督导工作的研究，要么是单个的“点”，要么是较为单一的“线”，缺乏系统的“面”上的研究。治理主体多元、服务、法治、规范、沟通与回应，已经成为各国政府管理方式改革的方向。治理理论对于地方高校督导体制创新及相关工作的必要性表现在两个方面：一是由于长期计划经济体制思想影响，地方高校督导体制及运行机制还不完善，地方高校督导工作的质量有待提升；二是受传统管理体制影响，在公共事务管理中，政府始终处在主导地位，高校督导领域也是如此。因此，在治理理论视域下，对于地方高校督导体制机制的研究是必需的。从理论意义来看，本书将治理理论作为研究基础，无疑会使高校督导的研究方法得到创新，丰富、深化高校督导理论，为高校督导理论研究提供了一定的方向导引。

2. 实践价值

本研究的实践价值主要体现在以下两方面。

（1）有利于推动高校管理体制改革的深化。高校的教学质量是我国把人口资源转化为人力资源的重要保障。当前，在高等教育大发展、大繁荣阶段，如何研究和确立有特色的地方高校督导体系，是高校发展亟待解决的问题。因此，在地方高校督导体制创新中，学校必须尽快转变相关职能，推动高校、相关利益团体、社会组织等在治理理论框架下构建真正适合地方高校督导工作的体制。因此，从某种意义上说，治理视域下的地方高校督导体制创新，有利于推动高校管理体制改革的深化。

（2）有利于克服地方高校督导体制建设中存在的诸多偏差。在高校督导管理中，存在很多问题，分析其存在的深层次原因，一方面缘于我国对高校督导管理的理论研究相对滞后，经验型描述多，理论研究与实践脱节，无法很好地指导地方高校督导管理；另一方面缘于地方高校督导管理体制还存在一些深层次问题，如法治理念和契约观念缺乏等。因此，本研究从治理理论的角度描述地方高校督导管理现状，并立足治理理论，系统梳理教育督导发展脉络，查找建设中存在的问题，比较和借鉴东亚文化圈国家的重点建设经验，力求将理论与实践结合，在理论指导下开展实践活动，以纠正地方高校督导体制建设中存在的诸多偏差。

（二）研究创新

本研究的创新之处主要体现在以下方面。

1. 研究视角新

本研究主要以地方高校督导体制创新为研究视角，并有效结合哲学、管理学、社会学、教育学等相关理论，对地方高校督导体制进行了深入的理论阐述和分析，并构建了理论分析架构。从整体来看，地方高校督导体制创新是与治理理念相契合的，而这一视角不仅是本研究的着力点，更是本研究的亮点。

2. 研究内容新

从治理的角度深入探讨地方高校督导体制创新，在以往研究中并没有涉及。

不仅如此，提出建构地方高校督导体制的构想框架，也是本研究在内容上的一大创新。

三、研究建议

在治理视域下地方高校督导体制创新研究中，创新框架内容有些是需要政府支持的，因此，给政府提出如下建议。

（一）以高校为责任主体明确各社会参与主体的职责划分

市场组织、社会组织和公民个体参与地方高校督导，在帮助政府、高校共同承担供给责任的同时，也不可避免地在一定程度上分散了地方高校公共权力。这并不意味着政府、高校将自身公共服务职能与对应责权予以转移，而应当明确政府、高校在高校督导体制中的责任主体地位，在此基础上，根据对象的具体特性对各社会主体的参与边界、责权范围进行合理划分。

（二）以政策法规为重点完善运行保障机制

治理视域下的地方高校督导模式，如果各利益主体有序参与，那肯定离不开行之有效的运行保障机制，因此需要各高校以宏观方向性政策文件为指导，根据各校特色制定详细明确的政策法规，对各社会参与者予以规范化和制度化。

（三）重视地方高校督导体制中各社会参与群体激励机制的构建

各利益相关者可能具备参与地方高校督导服务供给的主动意识，但是目前大量社会主体力量的主观能动性不足，因此，各地方高校要积极制定激励机制，充分调动各利益主体的主观能动性。

（四）尽快健全各利益主体监督问责机制

各利益主体在高校主导下参与督导服务，其实质是形成不同的合作关系，客观上提升了督导服务供给水平，因此，建立各利益主体内部监督机制、健全多主体问责机制显得尤为重要，此外，应积极借助媒体、舆论等外部力量的监督效用。

四、不足之处

对于治理视域下的地方高校督导体制创新，研究者虽然做了一些有益、有限的尝试，但受现有研究条件、研究者研究水平局限，还存在不足，具体如下所述。

第一，本研究借鉴管理学、教育学等相对成熟的研究成果，基于治理理论对地方高校督导体制创新进行了深入的理论阐述和分析，并构建了督导体制创新理性构想，但由于对治理理论研究程度有限，在对地方高校督导运行问题进行分析时，与治理理论的契合度及分析的系统性亟待在今后的研究中进行进一步挖掘。

第二，地方高校教学督导体制创新从管理走向治理、从单一主体走向多元共治，关涉的要素较多、体系非常复杂。多元主体参与地方高校教学督导体制服务共治，虽然从宏观提出了价值导向，从微观上提出了行动路径，但实施时具有很大的难度。本研究受研究条件、研究水平限制，对于高校与社会等其他利益主体之间的责权利怎样明晰、关系如何处理论述不够深入，比较宏观，许多细节还有待深入、细化，因此需要加强后续实践的跟踪研究，以使地方高校教学督导体制创新的共治变得可行、可控、有效，以提升本研究的实践可操作程度。

第三，本研究主要致力于地方高校教学督导体制创新理论层面的深入探讨，虽也进行了实证探索，但力度、水平还不够。因而，继续加强和完善地方高校教学督导体制创新的内容和体系建设，并不断克服研究中存在的不足，对于本研究来说又是新起点。

另外，由于研究者自身能力及水平有限，比如，关于东亚文化圈内韩国、日本教育督导方面的研究缺乏第一手资料，难免存在准确性问题等，研究结论可能会出现偏差。今后，研究者应注意深入学习，开展相关系列研究。

下　　篇

第九章　治理视域下长沙师范学院督导体制创新实践探索

党的十八大报告强调要“推动高等教育内涵式发展”。党的十八届三中、四中全会更从推动依法治校、深化教育领域综合改革等方面，对推动高等教育发展做出了新的部署和要求。在全面深化治理改革背景下，不少地方高校抓住机遇，开始对督导工作领域进行改革。

第一节　改革开放后地方高校督导工作开展情况

地方高校督导体制及其运行机制目前既没有权威非常高的法条可依，也没有权威模式，仍处在艰苦探索时期，但也取得了优异成绩。

一、地方高校督导机构建设日趋专业

由于各地方高校对高校督导机构性质、地位、职能的理解不一，虽然全国绝大多数高校建起了本校督导机构，但各高校赋予其的职能、任务、工作内容有所区别，目前各地方高校督导机构的设置大体如下所述。

（1）定位为单独管理部门。督导机构成为学校行政管理系统部门，作为一个行政性单独职能部门，其职能为对学校教学、行政、后勤等部门及全校教职员工、

学生等，实行全方位、全程监控。

（2）挂靠教务处。其是教务处下属机构，工作职能主要是教学督导。

（3）相对独立的督导模式。直接由学校校长或主管副校长领导，主要职能是行使教学质量监控，没有行政职能。

从这些督导机构设置看，地方高校督导机构的设置是多种多样的，但是机构专业化趋势越来越强。

二、地方高校督导法规建设渐成系统并日益完善

1986 年 10 月，国家教委督导司正式成立，从此标志着我国教育督导制度的全面恢复。1991 年 4 月，国家教委颁布第 15 号令，要求各地贯彻实施《教育督导暂行规定》。1995 年 3 月，全国人大八届三次会议审议通过《中华人民共和国教育法》，该法明确规定，国家实行教育督导制度和学校及其他教育机构教育评估制度。至此，教育督导制度在我国正式依法确立。

随着教育督导制度的广泛开展，国家对教育质量监控的力度不断加大，不仅为高校教学督导制度的建立提供了一些有益的借鉴，也为高校内部教学质量监控体系的日益完善提供了政策支撑。这一阶段，教学督导工作在国家政策和法律的支持下得到了较为全面的发展。一个由各高校教师、院系主管和学校领导组成的三级质量保障机制基本形成，有效地保证了高等学校教学质量的全面提升，实现了数量、质量、效益的稳步推进、和谐共生。

三、地方高校督导机制建设日趋成熟

教育督导体制机制问题是教育督导的基本问题。教育督导体制是人民政府教育督导室在机构设置、领导隶属关系和管理权限等方面的体系、制度、方法、形式等的总称。①

虽然我国比较重视基础教育督导，但是我国高校在校内自发开展了教学督导

① 程素萍．督学视角下的教育督导体制机制研究[J]．上海教育科研，2016（9）．

活动。2012 年，《教育督导条例》颁布，明确把各级各类教育纳入督导范围，至此，高等教育督导有了明确的法规依据。新时代下，各地方高校督导制度已经成为高校内部教学质量保障体系的重要组成部分，其机制建设也日趋成熟，各地方高校对督导的机构设置、层级设置、队伍建设、工作职责、工作内容与标准、工作方式与效果等都开展了建设与实践，并且都取得了不错的成绩。

第二节　长沙师范学院督导工作开展概况

长沙师范学院督导工作在治理理论指导下，坚持全面、持续改进的高等教育质量观，强调以教师和学生为本，关心教师人格及专业成长，关注学生全面发展，为此不断提供优质服务，不断创新教学督导机制，不断完善教学质量监控体系，由此促进教学质量不断提高。

一、长沙师范学院概况

1912 年，毛泽东主席的老师、著名教育家徐特立创办了长沙师范学院前身长沙师范学校，主要开展初等师范教育。中华人民共和国成立以后，该校在开展初等师范教育的同时，也开展幼儿师范教育。2004 年，学校从中师升格为专科，称为“湖南儿童工程职业学院”；2005 年，校名重新恢复为“长沙师范学校”；2013 年 4 月，学校升格为普通本科院校，名称为“长沙师范学院”。

长沙师范学院现有南（星沙）、北（安沙）两个校区，共设置 26 个本科专业，涵盖了教育学、艺术学、文学、理学、工学、管理学等 6 大学科门类。在一百多年的光辉历史中，长沙师范学院人文底蕴深厚，名师荟萃，英才辈出，教职工中有杨昌济、朱剑凡、周谷城等优秀代表，校友中有田汉、许光达、刘英等杰出代表。

目前，长沙师范学院是湖南省学前教育人才培养、科学研究和社会服务“主阵地”。学校办的《学前教育研究》期刊，是中国学前教育研究会会刊、全国学前教育领域的理论核心刊物，CSSCI 来源期刊。

长沙师范学院本着“厚德博学、特立笃行”的校训和“以人为本、胸怀天下、勤朴坚毅、与时俱进”的学院精神，坚持“以文化人、以美育人”，坚定不移走“转型发展、内涵发展、特色发展、科学发展”之路，全面落实立德树人根本任务，朝着建设学前教育特色鲜明、全国有影响的应用型高等师范本科院校的目标不断迈进。

二、长沙师范学院督导历史沿革

长沙师范学院督导机构属于大学内部教育教学质量保障机构。该学院的督导机构起步早、影响深、效果好，独具特色。

（一）审时度势，高瞻远瞩：成立督导室

20 世纪 90 年代，我国经济体制转变，该学校还是一所特色鲜明、具有悠久历史但发展滞后的中专学校，面临着建设一所什么层次的学校、如何建设学校这个根本课题。通过研讨，学校进一步明确了办学目标与办学指导思想，认识到教学质量在学校工作中的基础地位，而加强教学质量监控与督导则是一条重要的保障措施。

2001 年，教育部颁布《关于加强高等学校本科教学工作提高教学质量的若干意见》，要求“建立健全高校质量监测和保证体系”。教学督导作为学校教学质量监控体系的重要一环，对提高学校的教学质量起到关键作用。为响应国家的政策方针，2003 年 9 月，长沙师范学院成立了督导室，其层级为中层独立机构，成员有 3 人，并外聘国防科技大学 2 位教授为校督导专家。督导室的工作是专门负责课堂听课及校风学风巡查。

（二）探索不已，成果斐然：21 世纪初初步建立质量保障体系

21 世纪初，随着我国高等教育改革的深化，学校升为专科学校，发展不断加速。学校紧紧抓住课堂教学这一人才培养的主渠道，不断提高教学质量。长沙师范学院督导经历了逐步深化到发展阶段，并在实践中不断修订课堂教学的质量评估指标体系。经过督导专家不懈的努力和实践，长沙师范学院课堂教学工作取得了较好的成绩，涌现了一批骨干教师。2008 年，长沙师范学院顺利通过了专科教学水平评估，并获得了优秀成绩，在这一过程中，长沙师范学院督导也作出了不小的贡献。

2006年后，长沙师范学院制定了相关的督导制度。2006年，学院建立了教学巡视制度，教学巡视有全体校领导参加，具有非常高的权威性；发布《教风学风巡视通报》，对相关内容的管理具有较大力度；从国防科技大学、湖南大学、湖南师范大学、长沙理工大学等高校聘请教师担任督导员。2009年，长沙师范学院增加了专职督导工作成员，增强了执行力度。2010年6月，学院印发颁布了《教师学期考核办法》（2010长沙师范学院字35号），首次对全校教师执行教学考核全覆盖。2010年下学期，督导室首次使用互联网进行学生评教、教师互评。同时，不定时开展专项督导，以《督导简报》形式向全校反馈督导情况。至此，长沙师范学院督导工作更加规范化、制度化、专业化，初步建立并完善了全校质量保障体系。

（三）完善体系，独树一帜：建立了督导、监控与评估相结合的新体系

2013年，长沙师范学院升级为本科院校。长沙师范学院督导工作再次走上了快速通道：在机构设置上是单独中层机构，与教务处分属不同校领导管理，形成另一种形式上的“管办评”分离；督导室更名为教学督导处，2015年，再次更名为教学质量监控与评估处；2015年，长沙师范学院各二级学院督导组成立了。督导工作在职责上大范围拓展，主要负责教学督导、教学质量监控、教学质量评估，主要工作有质量监测数据统计分析、本科教学质量报告撰写、各项评估、课堂教学质量监测等；在工作方式上，采取了大数据统计分析、信息化方式，在工作理念上，采取了治理理念，升本后是长沙师范学院督导工作的快速发展和完善时期。

下文列举了长沙师范学院《关于设立系部二级教学督导机构的通知》。

关于设立系部二级教学督导机构的通知

各系部、各有关单位：

为进一步落实教学工作中心地位，确保应用型人才培养目标的全面实现，完善校内质量监控保障体系，加强教学运行管理和教学质量监控，除了继续坚持学院原有的宏观教学督导外，还需要针对各专业的教学情况进行微观、全面的督查与指导，扎实推动系部教学监控工作，学院根据《长沙师范学院教学督导工作条例（试行）》的有关精神，决定成立二级教学督导机构。

一、机构与人员

二级教学督导机构即系部教学督导组。系部教学督导组是学院教学质量监控和保障体系的重要组成部分，主要任务是在各系部主任领导下，对本单位教学工作进行督促检查、指导咨询，协助系部领导把好教学质量关。系部教学督导组人员一般为2~4人，由热爱教育事业、教育思想先进、教学经验丰富、工作认真负责、具有副教授以上职称的教师组成。设组长1名，负责日常工作的组织协调。督导组成人员由各系部主任聘任，每届任期1年，可连聘连任，进入督导组的系部领导不超过1人。

二、工作职责

系部教学督导组通过深入课堂听课、巡查教学秩序、检查教案课件、抽查毕业论文指导工作、听取师生意见、开展教学评估、指导专业建设和教学档案建设、参与教学计划修订、指导青年教师专业发展等方式，扎实有效地开展督导活动，及时向系部主任通报巡视情况和所发现的问题。

1. 系部教学督导组的工作重点是对教师在课堂教学（包括实验、实训、实习教学）中的教学内容、教学进程、教学方法、教学效果、教书育人等方面进行督导。一般采取随机听课、直接反馈的方法，及时向任课老师反馈督导意见。特别要加强对青年教师的督导，对个别青年教师可以跟踪督导，使他们在反复听课、反复点评的过程中不断提高教学水平。每位督导员平均每周听课不少于2学时，督导组听课范围应涉及本系部的所有专业和任课教师，定期给予教学质量督导评价意见。

2. 系部教学督导组应定期召开教师和学生座谈会，进行专题调研，协助系部了解教学工作的有关情况，向系部提出加强与改进教学工作的意见和建议。

3. 系部教学督导组应加强教风学风的检查督导并提供参考意见，了解学生的课堂纪律、到课率、作业完成情况等与学习有关的学风情况，协助系部加强考风建设，参与考试巡视等工作。

4. 每学期制订系部教学督导工作计划，进行督导工作总结。

三、其他事项

1. 系部要做好教学督导宣传工作，任课教师要充分认识加强督导、提高教学质量的重要意义，积极配合教学督导活动，虚心听取督导意见，切实改进教学中的不足。任课教师不得拒绝督导活动，否则视为教学事故处理。

2. 各系部要认真组织成立本单位的教学督导机构，认真挑选督导组成员，并为督导组提供必要的工作条件。

3. 督导组工作经费由学院和系部共同负责。

4. 自本学期开始，各系部教学督导工作将纳入教学系部综合考评范畴。

长沙师范学院教学质量监控与评估处

2015 年 4 月

进入新时代以后，课堂教学的数量、质量、规模、结构、效益协调发展，趋于完善；评估过程不断规范、评估指标体系不断科学化；督导工作服务化不断加强，长沙师范学院督导工作教学质量保障体系卓有成效。

第三节　长沙师范学院督导工作的意义与价值

在短短的时间内，长沙师范学院从中专学校升到大专学校再升到本科院校，督导工作也为长沙师范学院的跨越式发展做出了非常大的贡献，具有非常大的意义与价值。

一、树立了教学工作中心地位

长沙师范学院作为一所高等教育办学时间不长的本科院校，对教学中心地位的理解不是非常深刻。治理视域下，督导工作涉及面广，范围大，涉及教学工作全过程，督导工作有全校师生、社会人员、就业单位的积极参与，对教学过程中各个环节做到完全监控，促使教师积极钻研教学，各二级单位积极主动为教学服务，学生学习兴趣提高，从而树立了教学工作在学校日常工作的中心地位，这对于长沙师范学院来讲，是非常不容易的一件事。

二、建立和完善了教学质量监控体系

在督导工作过程中，长沙师范学院督导部门解决了为什么监控、怎样监控、监控标准等问题，加强了督导信息的收集和加工处理，构建和实施了督导信息反馈系统，使教学质量监控体系由开环体系逐渐成为闭环体系。升本后，长沙师范学院教学质量监控体系日益完善，使教学质量得到了保障。

三、促进了学校教学管理水平的提高

长沙师范学院督导部门积极为学校教学质量的提高建言献策，专升本期间，教学质量监控体系趋于完善，教学管理的方式得到改变，学校教务处及各二级学院的教学管理水平不断得到提高。

四、促进了良好教风、学风建设

长沙师范学院建立教学质量监控体系的目的是提高教学质量。由于教师、政府、学生、社会人士、企业的广泛参与，教师和学生变成了管理者、参与者，监督力量来自教师、学生、社会人士等，促使学习风气好转，教师增强教学责任感，使长沙师范学院的教学和学术风气更加浓厚。

第十章　治理视域下长沙师范学院督导机制创新建设实践

《中共中央关于全面深化改革若干重大问题的决定》明确提出“推进国家治理体系和治理能力现代化”，地方高校督导治理体系是督导工作治理结构、督导组织、督导制度、督导理念及督导运行方式、督导程序等按照一定秩序和关系整合而成的有机整体，地方高校督导治理能力则是高校督导内部治理实际绩效的具体体现。地方高校督导治理体系与治理能力现代化，是指按照社会主义现代化的内在逻辑与要求兴利除弊，使地方高校督导体系的治理架构、治理效能、治理质量与现代化相匹配。完善的地方高校督导治理体系处于一个整体、动态的平衡状态，涉及三个基本问题：谁来治理、怎样治理、治理结果如何。这三个问题实际上就是治理体系的三大要素，即治理主体、治理机制和治理效果。长沙师范学院督导部门在督导体制改革创新方面做出了一些有益探索。

第一节　多元参与的督导主体创新实践建设

中国共产党第十九届中央委员会第四次全体会议提出,“坚持和完善共建共治共享的社会治理制度，保持社会稳定、维护国家安全。社会治理是国家治理的重要方面。必须加强和创新社会治理，完善党委领导、政府负责、民主协商、社会协同、公众参与、法治保障、科技支撑的社会治理体系，建设人人有责、人人尽责、人人享有的社会治理共同体”。长沙师范学院督导部门以提高学校教学质量为核心，创新教学督导机制，取得了一定的成绩。

一、督导主体多元化的确定与完善

加强社会治理，最主要的是公众参与、社会协同。对于督导体制创新，长沙师范学院首先强调督导治理的主体多元化，重视协同创新，特别是督导主体的创新。总结起来，长沙师范学院督导工作参与者主要有如下成员。

（一）第三方校外机构

治理视域下，政府鼓励社会力量参与地方高校教学质量的评估和督导，高校督导机构回归本位，从而最大程度实现“管办评”分离，形成参与地方高校督导的社会力量，进而实现地方高校督导现代化的多元参与、协作发展。

湖南省教育督导与评价协会办公地点就在长沙师范学院校内，其作为湖南省第三方的督导评估机构，以第三方的超脱形象，时常参与到长沙师范学院的督导与评估工作中。

（二）学生就业单位

学生就业单位参与地方高校督导主要是通过问卷、访谈来实现的。学生就业单位也是地方高校督导治理主体，他们参与高校督导也是高校教育质量提高的关键。因此要整合各种教育资源，引导各就业单位参与高校督导工作，以提升高校教学质量。

（三）督导专家

教学督导工作专业性很强，知识领域宽泛，具有一定的知识权威、行政权威、道德权威。督导专家是从事督导工作的人员，他们一般通过课堂听课、访谈、问卷等形式进行督导工作，是教师教学工作的指导者，是学校教学质量提高的促进者。

（四）全体教师

作为当事人，地方高校督导工作关系到教师本人的权益，因此，教师对督导工作应有知情权，应该加强教师参与督导工作的主动性。通过座谈、问卷、反馈这种双向互动方式，教师自由地发表自己的看法，接受督导专家的指导与帮助，共同提高地方督导工作成效。

（五）学生

学生是督导工作中不可缺少的参与者之一，新时代教学观念从以教为中心向以学为中心转变，从以知识体系为中心向以能力达成为目标转变。学生是直接受益者，让他们参与高校督导，是对利益当事人权益的重视。学生参与高校督导，可获得真实督导信息，把有关教学情况及学校管理工作及时向学生公开、公示，从治理的视角看，可以提升地方高校督导工作的民主性，促使学校工作不断改进。学生参与督导工作一般采用学生访谈、调查、信息反馈等方式进行。

（六）家长

家长参与地方高校督导工作的非常少，参与意识也比较谈薄。在制度设计、参与途径及方式上，学生家长参与地方高校督导尚不成熟，离法制化、规范化相差较远。相比之下，长沙师范学院督导部门对家长参与比较重视，常邀请他们参与座谈，把家长对学校的看法作为督导信息搜集的重要来源，间接促进了学校教学质量的提高。

（七）公众

长沙师范学院让公众参与本校督导的重要贡献在于，通过让公众参与其中，增强他们对本校教学质量的认同，保证督导工作的科学性。总之，在督导活动的开展中引入公众多元参与，体现了督导工作的民主与科学化。

二、督导工作专业化的建设与完善

目前来讲，地方高校督导专业化程度不高，管理控制色彩浓厚，唯官唯上，个性化支持服务不够，因此，高校督导作为重要的专业活动，必须加强教育督导队伍专业化建设。

（一）督导多元主体专业化的建设与完善

1. 督导多元主体的性质

督导多元主体是地方高校督导部门中从事督导工作、执行督导任务的有关人员，一般来讲，他们懂得教学规律，有一定的教学经验，有一定的政治思想品质、个性品质、学历资历、专业知识、专业能力，是学校教学质量、教师教学工作的评价者和指导者。

督导多元主体身份确立，就需要具体人员来促进督导工作发展。督导工作人员包括专职督导工作人员和兼职督导工作人员两类。长沙师范学院督导主体专职人员有11人，二级学院兼职督导有41人。

2. 督导多元主体的职责

督导队伍专业水平是做好教学督导工作的基本保证。几年来，长沙师范学院十分注重提高督学素质，形成了一支专兼结合、老中青搭配、合理的专业梯队的高素质督导队伍。

目前，长沙师范学院二级学院督导主要由资深教授、教研室主任等组成。在督导实践工作中，二级学院督导既承担了较重的教学工作，又来做督导工作，工作任务较重。二级学院还聘请了一些企业的相关人员来强化相关教学环节督导，以社会需求及行业、企业用人标准，来落实人才培养目标，提高学校教学质量。

长沙师范学院专职督导都是从外校或者企事业单位（如国防科技大学）聘请的，他们的基本职责如下：每学期，听所在系部每位专、兼职教师讲课两次，对所听教师的课有听课记录和评分，并与教师交流意见；每学期对所在系部的教学管理、教师教学等相关情况写出一份调研报告；每月发布一次所在系部教学情况督导述评；应邀参与所在系部教研、教改、专业建设会议，提出意见和建议；应邀参与学校组织的相关教学活动，如教学竞赛、教学汇报课、教学常规检查工作等。为完成以上工作任务，专职督导每周在学校工作至少两个工作日。

3. 督导多元主体的任职条件

长沙师范学院校级督导的任职条件：具有正高级专业技术职称，无校外与校内兼职，无学院教学督导员兼职，能集中精力从事督导工作，年龄一般不超过70周岁。二级学院督导的任职条件：在职的资深专家、教授、教研室主任，或在职的具有10年以上教龄和副高级以上专业技术职称的教师。聘请的企事业督导成员应具备以下条件：具有一定专业技术职称或者企业从业经历，或在企业内有一定影响力，能从事督导工作。

4. 督导多元主体的职责

（1）制订本科室的工作计划，组织实施，并做好总结。

（2）负责建立学校教学质量监控与评价体系，起草相关文件、评价指标及评价方案。

（3）负责校、系教学督导专家团队的日常联络、协调工作。组织校、系两级教学督导的培训工作。

（4）组织校教学督导组开展监控、督查和评价工作，负责信息处理反馈，撰写有关分析报告，如，组织实施日常教学运行检查工作，包括检查理论课教学与实验、实习教学秩序，督查考纪考风等。

（5）组织实施学生评教和教师评学工作。

（6）组织专家参与教务处进行的学校有关评审、评奖工作。

（7）针对学校教学运行中的重点、难点问题组织专项督导。

（8）汇总、统计、分析各工作机构提交的有关数据和报告，完成学校年度教学质量分析报告编制工作。

（9）负责开展教育部年度教学基本状态数据库数据采集及报送工作。

（10）深入系部和相关单位驻点开展全面或专题调研，为规划研制与实施过程管理、统计分析等工作获取第一手资料和信息。

（11）负责部门重要活动（会议）的组织、宣传工作，以及科研、OA（办公自动化）、人事考勤等行政秘书工作。

（12）加强学习研究，促进自身职业素质、专业能力提高。认真参加校内外学习、研讨、考察和学术交流活动，原则上考察活动必有考察报告，学术活动要“以文与会”。

（13）完成上级交办的其他工作。

5. 加强督导多元主体的专业性

长沙师范学院为了提高督导人员专业化，除了采用加强培训、组织交流等方式外，还采取了以下方式。

（1）提高各督导主体专业素质。长沙师范学院督导部门采取了如下措施：一是组织学习高等教育有关的法律法规，了解高等教育新理念、新观点、新举措、新理论；二是提高专业能力素质，旨在提高学校的专业能力，最终扩大学校的专业影响力。

（2）优化各督导主体专业化环境。长沙师范学院督导部门为各督导主体积极提供各类资源，如物资资源、行政资源等，积极支持他们的活动：一是督导部门经常为督导工作人员提供有关高等教育的法律、法规、政策、文件和信息资料，保证督导活动经费和其他必备的工作条件，从而为实现各督导主体专业化营造良好工作环境；二是优化资源环境。

（3）完善各督导主体专业化建设。长沙师范学院督导部门从以下方面入手。一是完善职前培训，抓好岗前培训，强化“持证上岗”意识。二是对各督导主体进行职后培训，针对督导中的实际问题，有计划、有步骤地组织课题研究，以提高各督导主体督导科研的能力。三是完善管理制度。长沙师范学院督导部门定期从思想水平、业务能力、理论修养、工作实绩等方面对各督导主体进行考核，将对各督导主体的管理纳入规范化、制度化、专业化轨道，加快各督导主体的专业化进程。

（二）督导机构专业化建设与完善

目前，各地方高校教学督导工作基本上游离于国家教育督导制度之外，处于自发自主的状态，总体来看，教学督导仍是高校各项工作中的薄弱环节，存在需要进一步研究和解决的问题。组织机制不够独立、组织机构不健全等问题都有待解决。总体来看，督导机构的专业化建设与完善日趋重要。

1. 督导机构专业化

从实践领域讲，督导机构作为专门的教学质量监督部门，其独特性和不可替代性在于它与教务处开展的教学业务不同；从理论角度看，督导工作专业化，就是教育督导要成为不可替代的专门职业。因此，地方高校在体制上需要成立专门部门开展工作。长沙师范学院从 2003 年开始成立督导室（教学质量监控与评估处），其与教务处是平行机构，是专门从事督导、监控与评估职能的处级机构，与教务处均由主管教学的副校长直接领导。教务处负责教学活动的计划、协调、组织、实施、检查，督导室（教学质量监控与评估处）负责教学质量的督导、评估、监控、研究、咨询。从工作分工上看，教务处、督导室（教学质量监控与评估处）工作分工明确，彼此配合默契，职能相互独立，可形成合力。

2. 督导机构的主要工作职责

教学质量监控与评估处是学校负责教学质量管理与监控的职能机构。根据学校党委和分管校领导的指示、部门的定位与定职及实际情况，教学质量监控与评估处的主要工作职责如下所述。

（1）负责学校教学质量保障体系的建设、运行和管理工作。

（2）组织学校教学专项检查和专项评估。

（3）完善教师教学评价系统及评价办法，组织实施教师教学评价工作，提交教师教学评价分析报告。

（4）推进校系教学督导员、校级教学质量管理员、学生教学信息员等三支队伍建设。组织学校教学督导组开展教学督导工作。

（5）按要求组织完成教育部教学基本状态数据采集工作，协助学校建立校内数据库平台。

（6）汇总、统计、分析各部门提交的有关数据和报告，进行年度教学质量评估，完成学校年度本科教学质量分析报告编制发布工作。

（7）协助教务处开展专业办学水平和学士学位授予权评估工作，开展本科教学合格评估的相关工作。

（8）配合教务处参与教学评审、评奖和常规教学检查等工作。

（9）组织、协调教学事故认定与处理。

（10）配合省教育督导协会秘书处开展日常工作事务。

（11）贯彻、执行上级部门及学校党委行政的指示、决定，完成上级交办的其他工作。

（三）督导程序的专业化

没有完善的督导程序，督导工作就容易步入误区，因此，长沙师范学院督导工作对课堂听课、专项督导做了标准说明，对督导程序的每一个步骤都做了详细的说明，使督导程序更加专业化。具体如下所述。

（1）课堂教学听课：听课准备，听课过程，听课结果，反馈该注意的问题，如何反馈。

（2）专项督导，包括以下内容。

1）在专项督导的准备阶段：如何准备，应注意哪些事项等。

2）在专项督导实施阶段：如何观察课堂教学活动，如何与教师学生进行谈话，如何与家长接触，如何查看、评价材料。

3）在专项督导结果处理阶段：如何反馈督导结果，如何起草督导专项报告等。

（四）督导手段和技术的专业化

从目前各地方高校督导工作现状看，无论是督导体制，还是督导内容、督导方法、评价标准、评价结果，都存在很多亟待研究和解决的问题。督导方式单一化，重督轻导，这些弊端已严重影响了教学督导的信誉，使督导的教学监控作用不能充分发挥，也无法保证教学质量的提高。

随着大数据技术的发展，督导手段也发生了巨大的变化。长沙师范学院督导大都具有使用信息技术的能力，因此无须再受烦琐的数据统计的困扰，工作进度、工作效果大大加快，督导技术的专业化给督导工作带来了极大的便利。

第二节　民主服务的督导体制运行机制创新实践建设

治理视域下地方高校督导机构如何提高教学质量，满足学生本科教育需求，落实立德树人的核心任务，应在督导治理方面改变方式，通过科学督导管理和民主管理，切实履行好监控治理和提供服务的职责，提高教育质量，这就更加需要关注体制机制的改革创新，也就对督导的价值取向、方式、手段提出了新的挑战和要求。督导必须改善其监督职能，扩大其指导、咨询、服务职能，长沙师范学院督导部门在这方面也做出了有益的尝试。

一、进一步强化了督导工作的规范性

几年来，长沙师范学院督导工作以充分发挥督导在学校教学质量治理中的特殊作用为目标，构建了比较科学、规范、信息化的督导工作模式，取得了显著成效。

（一）进一步规范督导制度建设

2012 年《教育督导条例》的颁布，标志着我国教育督导制度走上法制化轨道，然而与英国、美国相比，我国高等教育督导法制化、规范化建设还比较滞后。为了真正树立起高校督导的权威地位，让督导工作做到有法可依、有章可循，地方高校需要构建部门规章，与国家教育督导法规相互补充、相互支持。近些年来长沙师范学院在治理思维指导下，颁布了一系列规定，推进了学校督导治理的法治化、规范化。

1. 督导顶层制度

自督导室成立以来，长沙师范学校先后制定了督导工作章程，以及《本科教学质量保障体系纲要》《督导工作条例》《主要教学环节质量标准》《本科教学督导要点》等相关规章制度，使教学督导任务明确，职责清楚，有章可循，最大限度地发挥督导效果。下文列举长沙师范学院颁布的《长沙师范学院本科教学督导要点》。

长沙师范学院本科教学督导要点

为规范我院本科教学工作，确保本科教育教学质量，建立健全教育教学督导制度，特制定本要点如下：

一、系部教学组织建设

系部应设立教学指导委员会、督导组、教研室、课程小组等教学组织，各自职能如下：

1. 教学指导委员会。

（1）制订本系宏观教学发展战略，定期制（修）订各专业人才培养方案，开展学科专业建设、课程建设、师资队伍建设、教材建设、教学改革、教学评估等各项工作，制定并落实符合学院实际、富有本系及相应组织特色的管理制度。

（2）制订学期、年度教学工作计划，参与制订学期、年度学生工作计划。

（3）组织全系开展教学、科研工作，制定系部教学、科研工作制度。

（4）参与教风学风建设、教研室建设等方面的审议及决策。

（5）进行各种教学科研奖励的评选工作，组织评优评先及教学、学期和年度考核。

2. 督导组。

（1）定期进行教学巡视，指导、监督本系部的教学秩序。

（2）审议系部教学工作计划和学生工作计划，检查、监督系部各项工作制度和工作计划执行情况。审定系各项工作总结、评优评奖结果及各类考核结果。

（3）组织教师和学生座谈会，并深入课堂听课调研。

（4）参与学科专业建设和课程建设等方面的指导、论证和评估工作。

（5）开展专项督导工作。对试卷出卷、阅卷质量及成绩管理进行督导；对学生毕业论文、见实习质量进行督导；对各类教科研课题进行检查、指导和督促。对学风建设情况、学生工作项目开展情况进行督导。

（6）加强与校督导室的工作联系。

3. 教研室。

（1）组织落实本教研室相关课程的具体教学工作。

（2）确定教师、教材，组织实施相关的课程建设、师资队伍建设、教材建设等工作。

（3）制订学期工作计划并于每学期开学第一周提交所在系教学指导委员会。

（4）积极开展以教学内容和教学方法为核心的教学研究及改革工作。

（5）落实试讲和听课制度。

4. 课程小组。

（1）每学期定期开展教学研究活动，组织教学内容与教学方法的研究及改革。

（2）制订教学大纲，组织集体备课、讨论。

（3）检查教学进度与教学日历的执行情况。

（4）组织课程考试（查）、命题及阅卷工作。

二、教学基本要素建设

1. 培养方案。作为本科人才培养的基本书件，培养方案是组织教学工作的依据。培养方案制订及修订的原则意见由学院确定。系部主管教学负责人应组织教学指导委员会完成本系部相关专业培养方案的制订、修订工作，报教务处审定。未经教务处批准，任何单位或个人不得擅自更改任何内容。

2. 教学大纲。与培养方案相配套。一经确定，主讲教师不得擅自更改任何内容，教学日历和考试内容不得超出教学大纲范围。

3. 教学日历。含选用教材、授课内容、课程考核方式、作业布置情况、习题课与讨论课安排等。

4. 教材。符合教学大纲的要求，由课程小组集体讨论后确定。对于发展迅速、国际通用性和可比性强的学科和专业可以直接引进先进的、能反映学科发展前沿的原版教材。鼓励使用“面向21世纪课程教材”、国家重点教材和教育部各学科教学指导委员会推荐的教材。

5. 多媒体教学与双语教学。采用多媒体课件教学的课程，由学院、系部及相应组织教学指导委员会事先审查后方可使用。双语教学课程，经学院、系部及相应组织教学指导委员会批准方能开课，根据学生实际情况随时调整外语授课的比例，保证教学效果。

三、教学基本环节

1. 编制教学大纲与教学日历。列入培养方案的教学环节，在课程小组负责人的主持下根据培养目标制订配套的教学大纲，报系部及学院批准后执行；各主讲教师依照教学大纲填写教学日历，于开学第一周向学生公布；教师上课要准备好教案、教学准备表、教学日历表、教学大纲等资料方能进教室，否则按教学事故处理。

2. 备课。主讲教师按照教学大纲认真撰写教案、编辑或选用多媒体课件，做好教学准备工作；了解学生的专业背景、先导课程及学习程度；选用科学有效的教学方式和教学方法，做好与相关课程的联系和衔接工作；积极参与课程小组的集体备课，保持教学进度与教学日历的基本一致。

3. 授课。主讲教师在保证完成教学大纲规定内容的前提下，尽量把最新研究成果融入课堂教学；重视收集授课效果信息，根据教学实际情况调整教学进度与讲授方式，确保最佳教学效果。

4. 答疑与习题课。教师以个别答疑为主，对共同性问题可以集体辅导，重视因材施教，既热情帮助基础较差的学生，又注重发现与培养优秀学生；根据授课的需要，适时开设习题课，明确每次习题课的具体内容并列入教学日历。

5. 批改作业。原则上全批全改，记载学生作业完成情况，以作为平时成绩依据。

6. 课程考核。鼓励采用灵活多样的考核方式，除期末考试外，每门课程平时考核不少于3次，可采用考查、大型作业、设计、调查报告、课堂讨论等形式；平时考核成绩占课程总评成绩的30%~50%，期末考核成绩占50%~70%，期末考试成绩55分以下者，总评成绩以期末考试成绩记载；有实践教学环节的课程，至少有一次实践环节的平时考核成绩；公选课、军事理论课、实习设计类实践课程、重修课程、缓考课程的平时成绩不作要求。组卷、阅卷及试卷管理按学院规定进行。

四、教师教学行为

1. 服从院、系及教研室的工作安排，承担教学任务。按各教学环节的要求履行职责，承担失职造成事故的责任。

2. 教师有义务配合课程小组选用或编写符合教学大纲要求的教材、讲义，不得擅自组织推销或更换教材。

3. 严格执行教学“十不准”。①不准随意更改教学计划。②不准私自调课。③不准私调上课地点。⑤不准无准备上课。⑥不准私自离开课堂、使用手机和坐着上课。⑦不准放任学生。⑧不准缺课不补。⑨不准向学生泄漏考试题目。⑩不准请学生帮助批改试卷。

4. 对违反教学纪律的教师，根据具体情况，严格按照《教学事故处理办法》（长沙师范学院字〔2010〕11号）处理。

2. 评价制度

为进一步加强加强教学管理，长沙师范学院相继制定出台了《教师课堂教学评价办法》《教学工作考核实施办法》《教学事故处理办法》等教学管理规章制度，使教学督导评价工作有章可循，有法可依。

下文列出《长沙师范学院教学事故认定与处理办法（试行）》。

长沙师范学院教学事故认定与处理办法（试行）

第一章　总则

第一条　为维护学院教育教学秩序，规范教学行为，严肃教学纪律，营造良好的教学环境和教学氛围，特制定本办法。

第二条　本办法所称教学事故（含差错，下同），是指由于任课教师、教学辅助人员、教学管理人员和教学服务部门及工作人员的直接或间接责任，导致影响正常教育教学秩序、教学进程、教学质量和学生合法权益等消极后果的失误或过错事件。

第三条　教学事故的认定和处理应遵循违纪必究、客观公正的原则。

第四条　学院成立教学事故认定与处理委员会负责认定与处理工作。由院长任主任，主管教学、督导、人事工作的副院长任副主任，教务处、教学督导处、人事处、纪检监察办公室负责人为成员，下设教学事故受理办公室，办公室工作人员由教务处、教学督导处、人事处、纪检监察办公室相关人员组成，受理办公室挂靠教务处。

第二章　教学事故的等级和类别

第五条　根据事故发生的情节及造成的影响程度，教学事故分为严重教学事故、一般教学事故、教学差错。

第六条　教学事故可根据其性质分为教学行为类（J）、考试与成绩管理类（K）、教学管理类（G）、教学保障及其他类（B）等四种类别。

第七条　教学事故的等级和类别划分，详见附件1。

第八条　在附件1中未罗列的，但对正常教学造成影响的其他教学事故，视情节及造成的影响，参照相关条款给予相应的认定与处理。

第三章 疑似教学事故的发现、教学事故的认定及处理程序

第九条 不论何级机构或人员，一旦发现教学事故，应首先采取补救措施，然后按相关程序处理。教学事故发现的途径主要有两种，即举报和检查。具体如下所述。

（一）设立疑似教学事故举报信箱和举报电子邮箱，接受教职工和学生对疑似教学事故的举报。

（二）教学督导员与学生信息员提供的疑似教学事故信息。

（三）各教学单位日常教学检查和不定期教学抽查中发现疑似教学事故。

（四）学院领导、教务处等职能部门在教学巡查、抽查中发现的疑似教学事故。

第十条 教学事故的受理与认定。学院实行教学事故发现必查、确认必究的方针。教学及其他管理部门的工作人员、教师、学生均有举报疑似教学事故、维护正常教学秩序、杜绝教学事故发生的义务和责任。教学事故由事故责任人所在系部或主管部门查实，学院教学事故受理办公室负责核实、认定和处理。各相关部门及责任人有责任和义务协助配合做好教学事故的调查处理工作。具体如下所述。

（一）事故责任人所在系部或部门自行发现的疑似教学事故，应认真进行调查，做好事故调查记录。属责任清楚的，在发生事故的 3 个工作日内，按照附件 1 作出事故初步认定建议，填写《长沙师范学院教学事故/差错登记表》（附件 2）并将其报送教学事故受理办公室，由其统筹安排人员进行进一步核查、认定。教学行为类（J）、考试与成绩管理类（K）、教学管理类（G）事故原则上由教务处相关人员负责前期认定工作，教学保障及其他类（B）事故原则上由教学督导处相关人员负责前期认定工作，必要时联合行动。

（二）教学事故受理办公室在发现或收到疑似教学事故举报后，应及时对事件进行初步了解，并在接报后的两个工作日之内向事故责任人所在部门发出协查通知。事故责任人所在部门在接到协查通知后须及时对事件进行调查，并在 3 个工作日之内填写《长沙师范学院教学事故/差错登记表》报送教学事故受理办公室。

第十一条　教学事故的处理程序。具体如下所述。

（一）疑似教学事故发生后，责任人所在系部或部门必须进行调查，收集有关材料。

（二）责任人所在系部或部门按一次一表的方式填写《长沙师范学院教学事故/差错登记表》。

（三）责任人所在系部或部门对疑似教学事故进行初步认定和提出处理建议，并将《长沙师范学院教学事故/差错登记表》报送学院教学事故受理办公室。

（四）学院教学事故受理办公室负责核查与审核。

1. 对于疑似一般教学事故和教学差错的处理

（1）教学事故受理办公室拟定处理意见。

（2）教学事故认定与处理委员会副主任签发《长沙师范学院教学事故/差错处理通知书》（附件3），由事故责任人所在系部或部门负责送达事故责任人。

2. 对于疑似严重教学事故的处理

（1）教学事故受理办公室对疑似教学事故调查后，认为属于疑似严重教学事故的，将《长沙师范学院教学事故/差错登记表》及处理意见报教学事故认定与处理委员会审议。

（2）教学事故认定与处理委员会主任对事故责任人签发《长沙师范学院教学事故/差错处理通知书》，由事故责任人所在系部或部门负责送达事故责任人。

第四章　教学事故处理结果的应用

第十二条　对于教学差错的处理，主要是批评教育，诫勉谈话，提高认识，在本单位内部通报批评。一年内累计发生3次教学差错者，第三次教学差错按一般教学事故处理。

第十三条　对于一般教学事故的处理，由事故责任人作出书面检查，由学院对事故责任人给予通报批评及以上处理。同时：

（一）事故责任人1年内不得参加各类教学评奖及各种荣誉称号的评选，行政人员当年考核不得评为“优秀”；并按学院相关规定扣发责任人绩效工资。

（二）一年内累计发生两次一般教学事故者，第二次一般教学事故按严重教学事故处理。

第十四条　对于严重教学事故的处理，除事故责任人作出书面检查外，由学院视事故大小及所造成的影响，给予事故责任人行政记过以上处分，并可撤销其教师任职资格。

严重教学事故责任人两年内不得参加各类教学评奖及各种荣誉称号的评选，3年内不得申报高一级职称，行政人员当年考核为“不称职”，并按学院相关规定扣发责任人绩效工资。

第十五条　教学事故的处理结果作为事故责任人年度考核、工资调整、评先评优、职务晋升、津贴评定以及岗位聘任的重要依据。

第五章　附则

第十六条　对于故意隐瞒本部门教学事故，或发现事故拖延不报的部门，应列为同类事故的第二责任人。该部门和部门相关负责人当年年度考核不得评为“优秀”。

第十七条　发生教学事故后，责任人主动向系部或部门负责人说明情况，并积极采取补救措施，对教学秩序造成的影响小，且当事人平时表现好，没有教学事故记录，3 年内有一次年度考核为“优秀”的，可减轻处理或免予处理。减轻或免予处理需责任人所在系部或部门向教学事故受理办公室提交详细说明，由教学事故受理委员会研究决定。

第十八条　发生教学事故后，责任人隐瞒不报，或不采取措施造成影响扩大且态度不端正的，一经查实，加重处理。

第十九条　教学事故责任人对事故的认定与处理有不同意见，可向学院纪检监察办公室提出申诉。

第二十条　本办法由教务处、教学督导处、人事处负责解释，自印发之日起执行。

附件：1. 教学事故类别及等级认定表（具体内容此处略）

2. 长沙师范学院教学事故/差错登记表（具体内容此处略）

3. 长沙师范学院教学事故/差错处理通知书（具体内容此处略）

3. 日常听课制度

日常听课制度是教学督导最基本的方法。教学督导员深入课堂或实训室进行听课，从教师的教学态度、教学内容、教学方法、教学组织、教学效果等方面进行综合评议，并检查教学基本书件是否齐全，教材使用是否合理，教学进度与授课计划表是否一致，填写《长沙师范学院督导听课评议表》，及时与授课教师进行沟通，对其上课的优缺点进行有针对性的评议指导，不断改进教学，提高教学质量。同时，也对学生的课堂纪律、学习风气进行评议，发现问题后及时反馈到有关部门，改进学风，调动、激发学生学习积极性。下文列出长沙师范学院颁布的《教师课堂教学免听资格管理办法》。

教师课堂教学免听资格管理办法

一、指导思想

为了集中专家精力，有重点、有目的的去听取一部分教师的课堂教学，帮助他们提高课堂教学质量，从而最终达到提高我校教育教学质量的目的，经研究决定，从本学期开始，试行教师课堂教学限时免听管理办法。

二、免听条件

申请成为具有“课堂教学免听教师”资格者，需具备下列条件（必须同时满足第一和第二条）。

1. 专家听课：连续两个学期课堂教学质量评为优秀。

2. 学生评教：连续两个学期学生评教满意率在94%以上。

3. 系部反映：日常教育教学工作业绩突出，系部、同行反映都很好。

三、免听时限

具备免听资格的教师，免听时限为其2年的课程教学。

四、实施程序

1. 教师本人提出申请，并将免听申请书提交给系部.

2. 系部免听教师名额为该系被听教师人数的20%，系部初步审核后，再将本系部教师免听申请书，提交给督导室。

3. 审定委员会对申请人的免听条件进行审核。

4. 审定委员会通过并公示三天无异议后正式确定免听人员。

五、审定委员会

六、享受权利

获得“课堂教学免听教师”资格者，可享受下列各项:

1. 在校园网及校内公示牌上通报表彰获得课堂教学免听资格的教师，学校配合对其进行深入报道。

2. 在每学期的教师教学工作考核工作中，学期课堂教学一等奖人员在获得免听资格的人员里面产生。

3. 在评优、职称评聘时，获得“课堂教学免听教师”资格者优先。

七、其他说明

（一）撤销资格

1. 教师在享有“课堂教学免听教师”资格之后，若有同行、学生举报其有违反师德规范和工作不负责的情况，经教务处、督导室调查核实后，撤销“课堂教学免听教师”的荣誉称号，不再享受相应权利，且在一年内不得再申报。

2. 教务处、督导室随机抽查。教师在享有“课堂教学免听教师”资格之后，必须接受教务处、督导室的随机抽查。在教务处、督导室的随机抽查中，若出现违反师德规范和工作不负责等问题的，则撤销其“课堂教学免听教师”的荣誉称号，不再享受相应权利，且在一年内不得再申报。

（二）后续申报

教师每学年开学后第一周可以申报“课堂教学免听教师”资格，被撤销“课堂教学免听教师”称号的教师可在下一学年重新申报。

（三）动态监督

1. 免听人员每学年认定一次，首次由本人提出，以后由督导室报请审定委员会确定是否继续免听，不能继续免听者由督导室及时通知。

2. 免听人员实行动态管理，免听期间被免听的教师将接受教务处、督导室的随机抽查，抽查时如果发现教学质量下降或存在问题等，督导室报请审定委员会中止其免听资格，该学期该教师的教学质量考核直接定为三等，同时，该教师至少一年内不能再次申请免听。

3. 已获免听资格的教师，学期末如果其所带班级学生网上评教满意率为90%以下，则直接中止其免听资格；同时，该教师至少一年内不能再次申请免听。

4. 已获免听资格的教师必须随时做好课堂教学及其他教学工作全校展示的准备。

本办法从公布之日起执行，管理办法的维护和未尽事宜的解释均由督导室负责。

长沙师范学院教学督导处

2013 年 4 月

（二）进一步规范督导职能

高校督导机构教育督导职能的评估、监测、指导作用有待强化；教育督导方式的发展性、多样性、开放性有待拓展。近些年长沙师范学院督导工作在治理思维指导下，进一步规范督导职能建设，推进了学校督导治理的科学化。

1. 强化常规检查，确保教学秩序

建立长期巡查与调研制度、日常巡查制度，定期对学校教学管理工作进行常规检查与监督，促进教学过程的规范化、标准化、科学化。

2. 组织听课评课，加强教学督导

督导专家对全校教师进行听课全覆盖。听课方式以随堂听课为主，重视评课，对被听课的教师做到当面评议，肯定成绩，发现亮点，指出不足，提出建议。对于授课质量存在较大问题的教师要跟踪听课，不断指导，帮助改进，一直到有明显效果为止。同时注意发现优秀教师，树立典型，组织开展示范课，从而促进课堂教学质量的提高。

3. 组织开展专项督导

重点开展毕业论文抽查、试卷抽查、公共课专项督导、实践教学督导专项督导等工作，规范教学行为。

4. 加强教师培训，发挥导向作用

长沙师范学院督导部门配合人事处、教务处，组织安排教师关于教学基本要求和教学能力的培训；积极参加教务处、学生处及各学院组织的各种教育教学活动，进行学风督导。

5. 完善信息反馈机制

由督导部门负责收集、整理来自不同渠道、不同对象的有关教育教学管理和教育教学质量的信息，及时分析总结，发现问题及时反馈。质量信息包括教学质量信息、学生学习质量信息、毕业生的质量信息等。

6. 建立健全考核督导工作运行机制

对督导人员工作开展情况进行考核，使督导工作逐步走向规范化。

二、进一步强化了督导工作的服务性

近年来，长沙师范学院督导工作突出服务职能化，督导工作以导为主，突出服务、咨询、参谋职能，不断为提高学校教学质量服务。

（一）进一步突出了督导的服务性

1. 加强跟踪督导服务

针对新教师、上新课教师、授课有欠缺教师，长沙师范学院采取以下措施，促使其快速成长。

（1）试讲。听新教师、上新课教师、授课有欠缺教师试讲，对其教学能力进行评议指导，提出改进意见和建议。

（2）跟踪听课。对新教师、上新课教师、授课有欠缺教师进行多次跟踪听课，对其各教学环节进行有针对性的指导。

（3）组织公开课。通过组织公开课，给教师提供相互交流的平台，促进其相互取长补短，快速成长。

2. 加强专题培训服务

长沙师范学院督导部门有针对性地开展专题培训服务，例如，分别对相关二级学院进行指导，从各环节全程介入，帮助二级学院开展专题培训，全面提高教学质量。

3. 加强实施各类评价评审精准服务

在各类评价评审环节中，力求形成开放、多元、研讨的评审氛围，为学校、二级学院各方面改革思路、各单项评审提供决策数据，增强优质服务的意识。

（1）持续推动诊断式督导工作，为学校、教师提供服务。

（2）探索构建大数据平台，利用信息技术提供各类服务。第一，通过研制标准化督导评价数据化指标体系，实现督导任务精准服务。第二，建立评价数据资源库，为各类评价评审提供信息资料，实现督导为二级学院、教师服务，评估为学校服务的宗旨。

（3）充分利用网站、微信公众号、QQ 群、督导专用信箱、《督导简报》等宣传平台，进一步扩大督导影响力，为学校和教师服务。

（二）强化督导文化建设，进一步突显了督导的创新性

党的十九大报告提出要“实现高等教育内涵式发展”，指明了我国新时代高等教育要走内涵式发展之路，表明地方高校要树立“质量文化”理念，特别是要加强督导质量文化建设，长沙师范学院在这方面也进行了一系列探索。

1. 督导工作强调过程比结果重要，树立“以人为本”的理念

长沙师范学院督导工作坚持以教师为本、以学生为本，把教师成长、学生成才作为学校根本任务，以教师、学生的满意度作为检验督导服务工作的根本标准，让督导工作从结果反馈走向过程控制，强调过程监控比结果评价更重要。督导工作在评价过程中把主要精力放在过程的监控上，强调过程比结果重要。

2. 全面强调“质量文化”

长沙师范学院督导部门全面强调“督导质量文化”，主要采取了如下措施：全员树立质量就是生命线、质量立校的基本理念；在督导工作过程中树立内涵发展的工作意识，使刚性约束升华为质量文化，为每位教师、学生创造有利于提高教学质量的氛围；完善年终督导质量评价考核体系、奖惩制度体系，塑造团结和谐的督导工作人际氛围，使质量文化成为校园文化的核心。

三、进一步强化了督导工作的权威性与民主性

近年来，长沙师范学院督导工作以客观性、科学性、公正性赢得了认可，有力地推动了督导工作，同时也强化了督导工作自身的权威性与民主性。

（一）督导工作的权威性进一步突显

地方高校督导机构是一个重要的质量监督部门，它依法对学校各部门开展行政监督、指导、评价，具有特定的权威性；另外，这一权威性还与督导结果的公正性、科学性与客观性紧密关联。

（二）督导工作的民主性进一步突显

治理思维下督导工作的开展，不是简单的“新瓶装旧酒”，而是内涵式发展的变革。在治理思维下，校内督导制度在治理视域指导下升华为多元参与、民主治理，为学校的发展注入了新的生命力。

1. 治理视域下的督导工作推动了学校治理的自主化

传统视域下，督导是管理者，广大师生则是被管理者，被管理者在管理工作中始终处于被动地位，参与自主管理的积极性不高；家长和社会更是处在学校管理的边缘。治理思维下的督导制度开辟了民主管理的新通道，师生、家长、社会通过校内督导制度可以了解学校的运行情况，参与评价，从而影响决策，使治理民主化落到实处，进一步激发多元主体参与学校治理的积极性。

2. 治理视域下的督导工作推进了学校治理的科学化、法治化

传统的高校督导工作模式往往是单一的、垂直的，有人治色彩。在治理视域下，长沙师范学院督导制度打破了单一的管理体制，师生、家长、社会的意见表达更加制度化，真正落实民主监督制，依法治理。

第三节　成效显著的督导工作治理效果

督导结果的运用如何关系督导工作能否具有权威性、保持长效性、体现人本性。为了强化督导结果的运用，长沙师范学院形成了落实督导意见建议和整改要

求的工作机制，督导部门的督导结果均根据具体情况拟定了相关措施，而对于开出的问题清单，做到能迅速整改的迅速整改，不能迅速整改的定期整改并及时报送整改情况报告书，确保了督导结果的有效运用，有效地促进了学校教学质量的提升。

一、督导结果运用更加令人信服

长沙师范学院督导部门坚持“用数据说话”，使督导效果的运用体现出了真实性。

（一）用数据说话让督导结果更真实

1. 坚持整体性，掌握大数据

长沙师范学院只是教育教学质量监测数据库和网上平台等大数据平台的建设，为本校督导信息化奠定基础，为推动督导结果运用的科学化水平提供数据支撑和参考。

2. 通过横纵比掌握动态数据

督导结果不可能只是一次通报、一次奖惩，必须要通过横纵对比用好学校动态数据，做好分级分类督评。对于普遍问题、难点问题，要及时向学校反馈，并向校领导报告；对于行动迟缓、工作不力的，要及时批评问责；对于高度重视、积极整改、成效较好的，要及时表扬奖励。这样，督导结果运用成效就会更好。

3. 通过挖掘特色用好个性数据

学校各部门、各教师的发展都有自己的特色，督导通过帮助各部门、各学校挖掘自身特色，掌握并用好个性化数据，促进其个性化发展。

（二）用专业说话，让督导结果运用更令人信服

长沙师范学院聘请的督导专家普遍具有较强的获取、处理督导信息的能力，能科学制订访谈提纲及问卷，善于对问卷采用量化方法处理；也具有开展相关专业教学督导的能力，相关专家大都是省内外相关专业的佼佼者，具有跟上学科前沿的能力；大部分专家都从事过高校行政管理经验，具有总结、提炼、推广的能力，善于发现教师优点，并善于提炼、归纳和推广，具有撰写高质量督导总结的

能力，能提出专业性建议。总之，不断强化督导专家的专业素养，在督导过程中用专业说话，让督导结果更令学校、教师和学生信服。

二、治理视域下长沙师范学院督导工作成效显著

经过几年的督导实践运行，治理视域下长沙师范学院督导工作取得了显著成效。这些成效都注入了“以人为本”的理念，与以往督导工作进行比较，成效主要体现在以下方面。

（1）形成了类似于第三方的教学督导评估机构，高度信任和充分发挥老教授协会社团组织和老教授在教督委工作中的主体作用；校院两级教学督导“点面结合”，优势互补。

（2）塑造长沙师范学院良好的质量文化环境。长沙师范学院督导部门通过督教、督学、督管等途径对教学全过程进行监控，增强了教师和管理人员的职业道德意识、工作责任意识、质量意识和服务意识，也激发了学生学习的积极性，塑造了长沙师范学院良好的质量文化环境。

（3）规范了教学，促进了教学水平的提高。督导专家根据随堂听课、专项督导，引导教师从合格走向优秀，规范了课堂教学；治理视域下，教学活动在教育规律、法规的框架下健康有序地进行，促进了学校教学目标的实现并推动学校可持续发展。

（4）服务于教学，起到了参谋作用。长沙师范学院督导部门将发现的带有共性的问题确定为研究课题并进行深入调查研究，找到问题的实质，商讨解决问题的应对策略，向校领导提出建议，充分发挥了智囊团的功能，起到了咨询参谋的作用，从人治变成了服务，为教学提供了良好的服务。

以往，由于种种原因，高校教师一听到督导就害怕。通过创新实践，长沙师范学院督导部门改变了督导工作中存在的不适应教育发展的内容，受到了教师的欢迎。从害怕督导到欢迎督导，这一转变折射出了长沙师范学院督导体制创新的变革价值。

第十一章　治理视域下长沙师范学院督导工作内容建设实践

地方高校督导实际工作开展情况是地方高校督导治理体系和治理能力现代化的重要内容，长沙师范学院在开展督导工作的实践中，始终坚持规范有效与创新机制相结合，以规范有效为前提，在科学化、精细化、智能化上下功大，实现了督导工作开展精准化、服务高效化。本章选取一些长沙师范学院督导主要工作进行介绍。

第一节　主要教学环节的评价

在高等教育“管办评”分离中，评价是反馈环节，具有重要的导向作用。“管办评”分离要求政府把高等教育评价权和监督权更多地交给社会，并保持其独立性。长沙师范学院重点做了以下方面的工作。

一是向社会赋权。长沙师范学院督导部门把教学质量监督权分权给社会大众，社会力量强大了，学校教学好或者不好，社会大众说了算，在教学质量评价方面，逐步形成了“大社会、小学校”的局面。

二是发挥行业企业等就业单位的作用。行业企业是大学服务和学生的主要使用者，治理视域下，长沙师范学院督导部门加快建立了行业企业等就业单位评价机制，吸收行业企业等就业单位参加学校教学质量评价，把行业企业等就业单位的评价作为衡量学校教学质量的重要指标。

三是积极推进中介组织的专业评价。教育评价具有很强的专业性，长沙师范学院督导部门积极让专业的人做专业的事，利用湖南省教育督导与评价协会办公室驻在长沙师范学院的优势，积极聘请他们来校评价。

一、课程考核质量评价

治理视域下，长沙师范学院督导部门紧紧抓住教师教学、校院（部）教学管理、学生学习三个关键环节，同时重视各主要教学环节对教学质量的重要影响，建立全面系统、重点突出、互相促进、整体优化教学评价体系，并将其制度化、规范化、科学化、服务化、专业化。

对于课程考核环节的督查和指导，长沙师范学院督导部门对课程考核的试卷、命题程序、监考情况、考场安排、考场纪律、试卷评阅、成绩评定、存档等进行督查和指导。下文摘录长沙师范学院《关于2018—2019学年第一学期课程考核质量评价情况总结》。

关于2018—2019学年第一学期课程考核质量评价情况总结（摘录）

为加强课程考核规范化管理，提高课程考核质量，教学质量监控与评估处组织专家于4月29日至30日对全校2018—2019学年第一学期期末考试试卷、考查课程考核方案、集中实践教学环节进行了抽查评价。本次课程考核质量抽查评价涵盖了11个学院的本科专业和部分专科专业的132门理论课程和55门集中实践教学环节课程；重点对试卷质量、试卷评阅质量、试卷归档质量等三个方面进行了考核评估，现将抽查情况总结如下。

一、成绩与问题

从检查结果来看，大多数课程试卷质量状况较好，命题基本符合教学大纲要求，卷面格式规范，试题题型、难度较合理，题量适中，分值标示较清楚，卷宗封面填写较规范，装订整齐有序，评分方法统一，成绩评定客观准确，平时成绩与考试成绩记载较完备。专家对132门理论课程和55门实践教学课程的评价结果见表1。

表1 专家对课程考核的评价结果

课程类别	总数	优秀	良好	中等	及格	不及格	备注
理论课	132	31	79	14	2	4	2门缺材料
实践课	55	10	19	16	3	3	4门缺材料

有一些问题比较突出，而且是历年存在的问题，需大力改进。比较典型的问题归纳如下。

（一）试卷质量

1. 考试不及格率过高

根据教务管理系统查询，公共课和部分专业课考试不及格率高、涉及班级多的现象仍然严重，有少数课程不及格率甚至高达 100%。课程名称、班级、不及格率见表 2、表 3。表 2 为本科专业班级不及格率较高情况一览表（略）、表 3 为专科专业班级不及格率较高情况一览表（略）。

2. 试卷内容与教学大纲要求不相符

大多数课程考试命题审批表中内容与教学大纲内容范围、重点不一致，老师出试卷、学院审查试卷时没有按教学大纲要求执行。如，2018 级汉语言文学专业 402 班的现代汉语（1），2016 级初等教育 501 班的小学生心理学，2016 级小学教育 405 班的小学班级管理，2014 级初等教育 501 至 506 班的小学英语教学论 2，2018 级小学教育 401 班的儿童生理与卫生学，2017 级科学教育专业 401 班的大学物理 2，2017 级包装工程 401 班的概率论与数理统计，2016 级小学教育 401 班的现代数学思维与方法，2016 级数学与应用数学 401 班的近世代数、运筹与优化，2018 级数学与应用数学 401 班的空间解析几何、数学分析 1，2018 级数字媒体 402 班的视听语言，2018 级动画 401 班的动画色彩，2017 级美术学 401 班的中外美术史与当代作品欣赏，2017 级财务管理 401 班的宏观经济学，2018 级财务管理 401 班的管理学原理，2018 级酒店管理 401 班的旅游概论、中华文化、思想道德修养与法律基础、数学 B（1）等课程考核。

部分理论课成绩构成与大纲不一致，如 2015 级美术学专业 405 班的小学教育研究方法，大纲中成绩构成为平时成绩 20%、试卷 50%、论文 30%，而实际总评为平时成绩 30%、期末考试试卷 70%，两者严重不一致。2017 级音乐学 405 班的中外音乐史与作品鉴赏，大纲中成绩构成为平时成绩 30%，试卷 70%，而实际总评为平时成绩 40%、期末考试试卷 60%，两者不一致。2016 级体育教育的篮球专修 2 评分标准为三项，包括平时、试卷、技考，而成绩登记表中为四项，包括平时、试卷、末考、技拓，与评分标准不一致。2017 级术科 4 班的健美操普修考核审批表中成绩构成比例与成绩表中不一致。2017 级财务管理 401 班的会计学原理实训考核审批表中成绩构成与教学大纲中成绩构成严重不一致。

2017 级体育教育的运动生理学考核审批表中的学时与分值比例不完全匹配，如 5 学时出题 23 分，另外 4 学时出题 1 分，相差较大。2018 级电子信息工程 401 班的大学英语 A（1）试卷审批表中成绩分布与试卷不一致。2017 级电子信息工程 401 班的大学英语 A（3）试卷审批表中学时与分值不匹配。2015 级电子信息工程的 Java 程序设计，2016 级物联网的 RFID 智能卡技术，2016 级电子信息工程的 EDA 与可编程技术、单片机原理及应用、C++程序设计，2018 级电子信息工程的 C 语言程序设计，试卷审批表中学时与分值不匹配。2017 级美术学 401 班的中外美术史与当代作品欣赏大纲中简答题占 15%，而试卷中占 30%；大纲中单项选择题、多项选择题占 30%，而试卷中占 50%，该门课程不及格率严重偏高。

3. 部分试卷的题型及内容不合理

个别课程考核方式为论文（总结），不能覆盖大纲内容。如 2018 级动画 401 班、402 班的动画导论考核要求为写一篇总结，难以覆盖知识点。

个别课程试卷题型过于简单，题型偏少，题量不够，单题分值偏高。如 2015 级美术学专业 405 班的小学教育研究方法考试题型单一，只有论述题（40 分）和设计题（60 分）。2015 级音乐学 405 班的和声学考试题型单一。2018 级书法学 401 班的中国书法史论考试中简答题、论述题占 60 分，2018 级数字媒体 402 班的视听语言考试中简答题、论述题占 70 分，客观题偏少，这两门课程期末考试不及格率非常高。2016 级物联网 401 班、402 班的传感器原理及应用考试中简答题、论述题占比太大，学生期末考试不及格率在 70%以上。

4. 卷面格式和名称不规范

个别课程试卷格式不规范，编辑排版、印刷差错未杜绝。

个别课程试卷名称不规范。课程名称、教学大纲名称、课程试卷名称不一致，如2014级初等教育专业502班的小学数学课程与教学论。

5. 大多数技能课缺测试具体内容和详细评分标准

如2017级体育教育401班、402班的体育舞蹈，2017级术科4班的健美操普修缺考试内容。2015级音乐学405班的和声学缺评分标准。2016级音乐学401班的音乐美学、2018级音乐学405班的乐理缺评分标准。2015级音乐学403班的复调音乐、2017级学前教育401班的声乐和舞龙舞狮缺身体素质和期末测试计分标准。2017级体育教育401班的体育社会学有参考答案，缺评分标准；旅游文化赏析1（公选）仅有一份成绩表，无考核内容及要求，无评分依据。

6. 大多数技能课缺按照评分标准评价的原始成绩评分表

如2017级动画401班的动画美术设计、2017级工艺美术402班的陶瓷工艺、2018级动画401班的动画色彩、2017级数字媒体402班的数字摄像、2018级数字媒体402班的设计素描、2018级服饰服装设计402班的设计思维与方法、2017级艺术与科技401班的透视学、2016级美术学401班至404班的陶艺、2018级工艺美术404班的造型基础与表现、2018级体育教育的基本体操1、2017级体育教育401班和402班的体育舞蹈等课程。

（二）试卷评阅质量

各学院要组织新教师和外聘教师在评阅试卷前仔细阅读试卷批改规范，避免出现批改不规范的问题。要引导教师认真核查，减少批改错误发生。

1. 阅卷不够规范

（1）个别试卷未用红笔批阅，试卷分数未计入评分栏。

（2）个别试卷学生答卷大小题得分未标出分值，直接在卷首计分；也有卷首的大题得分都不填写。

（3）个别课程学生答卷中的分析题、论述题没有分步计分，如2017级汉语言文学专业的语言学概论、2017级书法学专业的小学教育学、2015级美术学专业

405 班的小学教育研究方法、2018 级舞蹈 401 班的艺术概论、2016 级音乐学的歌曲分析与写作和中国民族音乐、2018 级数字媒体 402 班的视听语言，以及 2018 级预科学前 501 班的数学 B1、2018 级预科小学 502 班的数学 A1 等。

（4）个别课程学生答卷记分不规范，如 2017 级数学与应用数学专业的小学教育学试卷阅卷中，\、/、1代表 1 分；2018 级电子信息工程 401 班的大学英语 A（1）试卷、2018 级学前教育 407 班的大学英语 A（1）试卷写作评分没有按评分标准给分。

（5）计分栏签名潦草，甚至缺漏。

2. 阅卷评分中出现差错

（1）个别课程试卷出现总分分值计算错误，也有试卷上赋分与评分标准上赋分不一致的。

（2）个别课程阅卷不规范，成绩改动处未签名，如 2017 级音乐学 405 班的大学英语 B（3）。

3. 平时成绩评定较高

个别课程学生的平时成绩无区分度，有的班级平时成绩大多为 95 分以上，而卷面成绩则较低。

4. 成绩统计与记录存在问题

（1）个别课程成绩表格式不对。

（2）个别成绩登记册中平时、期末、期评成绩不完整。

5. 成绩分布不合理

（1）真正呈正态分布的课程比例不高，成绩分布偏高、偏低的不少。特别是技能课，基本上是良好及以上。

（2）个别课程期末成绩及格率是靠提高平时成绩比例拉上来的。

6. 成绩分析不到位

（1）成绩分析普遍比较简单，没有分析学生答题（具体到某道题）失分较多的原因。没有分析教师在命题过程中存在的问题和不足，也很少有对今后教材的选用、课堂教学效果的提高、命题工作的完善等提出具体的改进措施。

（2）很少有教师对成绩分布异常的进行针对性剖析，不及格率偏高的课程也没有认真分析原因，没有单独分析报告。

（3）有些课程缺成绩分析。如 2015 级动画 401 班的专题设计 4。

（三）考试材料归档情况

总体来说，考试材料归档质量明显提高，说明教师们对课程考核材料的归档要求已经比较熟悉，规范意识增强，但也存在一些问题。

1. 材料齐备与审核情况

（1）部分课程缺教学大纲，或大纲很不严谨。如 2016 级数字媒体 401 班的商业摄影实践课的教学大纲中，缺教学内容与课时分配的对应。

（2）部分非书面考试课程缺记录考试情况的光盘，多数考查课程无纸质答卷材料。

（3）部分教研室主任、学院审核流于形式，未把住质量关，让有明显漏洞的试卷通过了审核。如 2016 级音乐学 401 班的中国民族音乐课的试题审批表不符合要求，2015 级音乐学 403 班的复调音乐课缺试题审批表。

（4）试题审批表缺教研室主任和教学副院长签字审核现象还存在，美术与设计学院出现该类问题比较普遍。

2. 填写与装订情况

（1）部分课程试卷审批表、成绩单、考试分析表签名不齐或代签现象明显。

（2）个别学生答卷卷宗装订不规范，顺序混乱。如将多门课程装在一起。学生单科成绩册中项目没标记，不知所占比例，与最后得分逻辑关系不清。

（3）个别课程光碟信息不详，无任课教师及课程名称等信息，容易混淆，给存档、管理带来困难。

（4）签署时间混乱。

（5）考卷未采用教务处的统一模板，而是采用单独特别的考卷进行考查或考试。

（6）评分标准题头还是试卷名称，未标明评分标准，有些用参考答案代替评分标准。

（四）集中实践教学环节考核检查

这次抽查了 55 门实践教学课程，有教育实习、专业实习、教育见习、课程见习（实习）、课程设计等，检查结果不太理想，具体表现在以下方面。

1. 缺大纲、缺评价标准和方式的现象较普遍。

如教育见习鉴定表中缺实习基地学校和本校指导教师的评分栏和标准，指导教师评分没有可靠的依据。另外，实习学校和本校指导教师评价意见有学生代写现象，很不严谨。企业模拟经营实训课程只有综合成绩，没有操作规范和职业素养评分及作品考核分，与大纲计分办法不一致，实训方案要求提交 3000 字以上的总结，但大多数学生未达到要求。2018 级工业设计的工业设计导论课无纸质论文，无评阅记录。

2. 学生的实习、设计资料保存不及时和不完整。

这次抽查 55 门实践环节课程，有 2 门未提交相关材料，还有一些提交的材料不完整。如 2015 级小学教育 403 班的教育见习的见习鉴定表没有评阅痕迹，无见习成绩和二级学院签字。2015 级电子信息工程和包装工程专业实习的实习报告没有评阅意见。2015 级动画 401 班的毕业考察只有光盘和成绩表，缺毕业考察任务书、考察报告、评价鉴定表等纸质材料。2017 级书法学 401 班的碑帖考察缺考察报告。2017 级工艺美术 401 班的写生课没有写生日志、总结和写生作品（照片或扫描件）。2017 级动画 401 班的动画速写、2016 级数字媒体 401 班的界面设计 UI 课缺纸质材料。

3. 实习报告的问题。

有些实习报告太简单，没有一定的学术水平。有些专业见习实习报告与生产实习报告内容和要求差不多。有些工科类实习报告无关键设备图纸和工艺流程图，无工艺参数和技术指标说明，以及工艺流程说明，都是泛泛而谈的个人心得体会。如 2016 级物联网工程的专业见习、2015 级电子信息工程的生产实习。又如 2015 级财务管理专业的综合实习，实习总结较简单，没有体现专业知识的应用，学术性不强。

4. 对课程理解有误。

对课程设计、课程论文、课程实训、课程实验理解有误，未搞清它们的区别。如 2016 级物联网工程 401 班将计算机组成原理与汇编语言课程设计课和 Java 程序设计基础课程设计课开成实验课。

有些课程设计无图纸，无说明书。如 2016 级工业设计 401 班的专题设计(一)课无设计报告或说明书，2015 级包装工程的包装盒的设计与输出课没有图纸。

5. 课程时间安排不合理。

有些实习或课程设计时间安排不合理，如专业见习两周，而生产实习只有 1 周。

6. 有些实践环节课程未按人才培养方案要求按时开设。

二、改进建议

考试是检验教学和学习效果、反馈教学信息的重要途径，是评价教学质量的重要手段。针对以上问题，特提出如下整改建议。

1. 各类考试、考查命题严格以课程教学大纲为依据，进一步提高试卷质量。各学院应该借 2019 版人才培养方案修订之机，认真组织和引导教研室加强对各类课程教学大纲的研讨修改，经学院严格审定后签署执行，确保教学大纲质量。课程教学环节要与所制定的教学大纲相互对应，杜绝随意性。课程执行过程中要结合教学目标详细记录，加强过程管理。试卷命题要加强对知识应用能力的考察，多一些学以致用的案例分析题、综合思考题、分析论述题、实际操作题等，全面检查学生对知识的理解和掌握情况，侧重考察对知识的分析和运用能力。

2. 各学院要组织任课教师学习学校课程考核方面的相关文件精神，要进一步提高任课教师对考试环节重要性的认识，使其树立正确、科学的课程考核评价理念，并在平时的教学及期中、期末考核中端正工作态度，认真落实学校的要求。

要进一步加强对试卷命题、审批、批改、材料归档等环节的规范化管理。目前课程考核工作整体良好，但仍存在不少问题，有的甚至比较突出。各学院要进行一次自查，针对存在问题认真整改，并把规范化的工作常抓不懈地坚持下去，要加强对新进教师和外聘教师的培训、督促和指导；对外聘教师，要加强指导，严格要求，不能降低标准。

3. 各任课教师应按规定准备好相关归档材料，确保材料清晰、完备。编制样卷或考试（查）方案要认真仔细，并按要求提交审核；答卷卷宗应按规定填写、装订；学生答卷上小题和大题得分要按要求标明，并区分开；成绩的评定要客观公正，避免随意性，评阅后要有工整、易辨别的签名；班级成绩分析应尽可能详细；命题前要充分分析学情，恰当把握难易度，力争班级成绩呈正态分布；部分提供光盘材料的考试课程，要注意录制质量，提交的光盘上要标注清楚年级、专业、班级、课程名称与任课教师等信息。

4. 全校公共课、公选课材料归档的规范性远远不及专业必修课和专业选修课，随意性大，不完整、未统一管理等问题仍比较突出，是我校教学资料规范化管理的薄弱环节，需要进一步加大这方面规范化管理的力度，杜绝规范化管理的死角和盲区。

5. 教务处应尽快修改课程考核管理文件，要求对不及格率高的课程要及时分析并向教务处汇报，提出解决办法。要进一步规范各类考试材料的格式，优化模板，统一要求，增强规范性。特别是要加强对专业技能型课程的规范化管理，对考试内容的难易程度的要求、试卷样卷和评分标准不能用审核表中内容代替，应单独列出。另外评分标准应详细，不能只列出分值构成。

6. 推动课程考核改革，提高学生的实践应用能力。各学院要探索和推进课程命题和方式方法配套改革。

7. 教务处要尽快出台各类实践教学环节的表格模板，健全相关管理制度；要加强对集中实践教学环节课程的管理和监控，完善监控措施。各二级学院应加强对集中实践教学环节的过程管理和课程材料的档案管理，切实提高实践教学环节课程教学质量。

二、毕业论文（设计）评价

对于毕业论文（设计），长沙师范学院督导部门主要对毕业论文的计划安排、指导书、任务书、指导记录、论文内容等准备情况进行督查；对教师的指导记录、对学生的辅导情况进行重点督查。下文列长沙师范学院《2018 届毕业生毕业论文（设计）质量评价工作总结》。

2018 届毕业生毕业论文（设计）质量评价工作总结

为掌握我校 2018 届毕业论文（设计）教学环节的管理及毕业论文（设计）质量情况，促进毕业论文（设计）工作水平的提高，教学质量监控与评估处组织有关专家于 2018 年 11 月 15—16 日到各学院对 2018 届毕业论文（设计）进行现场检查，并对抽检的论文进行了详细的评阅，现将抽检情况总结如下。

一、检查内容

根据各学院、各专业 2018 届毕业生人数确定毕业论文（设计）抽检数量及对象。原则上有本科专业毕业生的学院只抽检本科专业的毕业论文（设计），每个指导老师抽检 1 份。检查内容如下:

（一）毕业论文（设计）组织工作。包括开题、中期检查、指导、评阅、答辩、归档等环节工作的组织管理和相关材料的质量情况。

（二）毕业论文（设计）质量。由专家根据长沙师范学院教务处关于毕业论文（设计）工作相关文件精神和毕业论文（设计）质量评价指标对上述项目进行检查审阅，填写“2018 届毕业生毕业论文（设计）抽检专家评审意见表”，并针对该项工作中值得改进的方面提出建议。2018 届毕业论文（设计）抽样基本情况汇总见表 1。

表 1 2018 届毕业论文（设计）抽样基本情况汇总

学院名称	抽查份数（本科/专科）	指导教师职称及人数				论文成绩分等级及人数			
		正高	副高	中级	初级	90 分（优秀）	80—89 分（良好）	70—79 分（中等）	60—69 分（及格）
学前教育学院	36（本）	5	17	11	3	0	17	19	0
初等教育学院	36（本）	9	7	14	6	3	29	4	0
音乐舞蹈学院	29（本）	7	6	14	2	2	9	17	1

续表

学院名称	抽查份数（本科/专科）	指导教师职称及人数				论文成绩分等级及人数			
		正高	副高	中级	初级	90 分（优秀）	80—89 分（良好）	70—79 分（中等）	60—69 分（及格）
美术与设计学院	32（本）	5	7	13	7	6	23	3	0
信息科学与工程学院	13（本）	1	5	6	1	0	9	4	0
经济管理学院	21（专）	2	6	8	5	0	13	7	1
外国语学院	31（本）	2	13	16	0	2	21	7	1
体育科学学院	11（本）	5	1	5	0	0	7	4	0
总计	188（本） 21（专）	36	62	87	24	13	128	65	3

二、整体情况

本次检查涉及全校 8 个学院、9 个本科专业、4 个专科专业，本科专业抽检 188 份，专科专业抽检 21 份。指导教师正高职称 36 人，副高职称 62 人，中级职称 87 人，初级职称 24 人。毕业论文（设计）成绩分布情况如下：优秀（90 分及以上）13 人，良好（80—89 分）128 人，中等（70—79 分）65 人，及格（60—69 分）3 人，没有不及格的。总体上看，各学院的毕业论文（设计）工作基本能够按照人才培养方案的要求按时完成，毕业论文（设计）的题目、内容和质量基本符合各专业毕业综合训练的要求，毕业论文（设计）管理工作已初步规范。做得好的学院有学前教育学院、初等教育学院、信息科学与工程学院、经济管理学院。音乐舞蹈学院毕业论文（设计）管理工作退步较大，需要进一步加强管理。

毕业论文（设计）质量较高的学院有初等教育学院、学前教育学院、外国语学院，较差的是音乐舞蹈学院。毕业论文（设计）档案材料质量较高的有学前教育学院、初等教育学院、信息科学与工程学院，较差的是音乐舞蹈学院。

三、质量分析

本次抽检按照《毕业论文（设计）质量评价指标》进行评价，评价指标分为论文、工科类设计、艺术类设计3种类别，设置了选题质量、能力水平、论文（设计）质量3个一级指标，13个二级指标。从专家评分结果来看，2018届毕业论文（设计）质量总体情况较好，与2017届检查结果相比，论文（设计）质量有较大提高，特别是选题质量和论文（设计）质量有明显提高。

（一）选题质量

选题依据基本上能结合本专业的培养目标要求，难易度适中，工作量合适，有一定应用价值。但仍然存在一些不足，主要表现在以下方面。

1. 有些题目太大、难度高、超出了学生的能力范围。如2014级音乐学专业学生论文《中西艺术歌曲差异探究》，题目太大，内容简单，缺外文参考文献。2015级财务管理专业学生论文《浅谈我国无形资产的评估》，题目太大，文献收集不够，论文涉及面不广。

2. 有些题目太空、不具体，学生不知如何实施。如2014级美术学专业学生论文《论当代书法的传承问题与对策》，题目太空，不适合学生撰写。

3. 个别论文题目与实际内容不符。如2014级音乐学专业学生论文《浅谈古筝学习的方法与策略》，题目与研究内容不相符。

4. 有些题目不适宜作为学生论文题目。如《浅谈中国合唱作品与演唱风格》《音乐游戏——打开留守儿童的心扉》。

5. 有些论文封面题目与里面题目不一致，有些论文封面题目与各种表格中题目不一致。如信息科学与工程学院相关指导教师指导的论文。

6. 音乐舞蹈学院毕业设计心得题目有待改进。

（二）能力水平

能力水平总体来说一般，信息收集和应用能力较差，综合运用知识能力差，设计（实验、调研）能力差，计算机应用能力较好，写作能力差，外语应用能力较差。

1. 对文献阅读、分析和综述能力较弱。大段引用别人的观点，不知道怎样用别人的材料证明自己的观点，同时缺乏对文献资料的分析、归纳和综述。

2. 专业基础知识和专业知识应用能力较弱。有的论文缺乏理论知识分析，如学前教育、小学教育专业的论文普遍缺乏教育学和心理学相关理论的分析和阐释；音乐舞蹈学院的歌唱和舞蹈表演心得体会多数停留在一般的介绍上，没有上升到专业知识和专业技能的分析总结方面。

3. 综合运用知识能力差。有些论文泛谈的内容多，针对性强的内容少，如2014级音乐学专业毕业论文《奥尔夫教学法在儿童钢琴教学中的运用》第二部分“奥尔夫音乐教学法的理念与特征”，作为教材内容可以，但作为论文内容不合适。另外，综述性内容多，有创新的太少。

4. 设计（实验、调研）能力差。普遍存在设计（实验、调研）能力差的问题。如2014级体育教育专业的1位同学的论文《长沙市望城区幼儿园篮球特色课程开展现状与对策分析》，调查样本太少，不到总量的10%，且分析不够深入。

5. 写作能力差。有些论文存在语句不通顺，条理不清等问题。

6. 外语应用能力较差。普遍存在外语应用能力较差的问题，参考文献基本没有外文文献，英文摘要多数存在语法错误和语句不规范现象。

（三）论文（设计）质量

1. 部分论文反映出学生理论知识不扎实，写作能力不强，行文逻辑不够清晰。音乐舞蹈学院、体育科学学院的论文较多存在论据不足、论证不充分的现象。

2. 有些论文摘要写得大、空、泛，或将摘要写成论文简介。有些缺英文摘要，部分英文摘要翻译不准确，有些英文摘要句法不规范，有些英文摘要内容完全是英语单词、短语的堆砌，完全没有任何语法纽带。

3. 部分论文写作不够规范。有些论文排版格式不规范（如行距、字体、字号不规范），有的论文图表格式不规范，有的论文公式不规范，有的论文图表没有图表名（毕业设计说明书、毕业论文中缺图表名称现象较普遍），有的表格不规范。有的论文参考文献格式不规范，参考文献的数量过少、时间过旧、权威性不够、注释标注不规范、真实性不够。

4. 创新性不够。论文普遍创新性不够，缺乏一定深度，知识介绍多，引用别人的研究成果多，自己的观点少。

四、成绩评定偏差

为了评估毕业论文（设计）评分的客观合理性，将原评定成绩与专家评定成绩进行对比，两者同一等级的占 72.73%，上升一等级的占 9.57%，下降一等级的占 13.88%，上升二等级的占 1.44%，下降二等级的占 2.38%。分析上述数据发现，论文（设计）原评定成绩与专家评定成绩基本一致，但个别学院相差较大，如音乐舞蹈学院、美术与设计学院、经济管理学院。2018 届毕业论文（设计）校内外评定等级偏差度统计见表 2。

表 2　2018 届毕业论文（设计）校内外评定等级偏差度统计

学院名称	抽查份数（本科/专科）	校内评定与外审专家建议等级偏差				
		同一等级	相差一等级		相差二等级	
			上升	下降	上升	下降
学前教育学院	36（本）	26	9	0	0	1
初等教育学院	36（本）	31	3	0	2	0
音乐舞蹈学院	29（本）	20	3	4	1	1
美术与设计学院	32（本）	19	2	8	0	3
信息科学与工程学院	13（本）	10	0	3	0	0
经济管理学院	21（专）	8	1	12	0	0
外国语学院	31（本）	30	0	1	0	0
体育科学学院	11（本）	8	2	1	0	0
总计	188（本） 21（专）	152	20	29	3	5

五、过程材料与过程管理

过程材料主要检查材料的完整性、填写的规范性与科学性等，这可以反映一个学院的过程管理情况。整体上 2018 比 2017 年改进较大，各类材料优良率在 80% 以上，做得较好的学院有学前教育学院、初等教育学院、信息科学与工程学院。总体情况见表 3，但也存在一些问题，具体如下所述。

表 3　2018 届毕业论文（设计）工作院级管理过程情况

学院名称	内容						
	工作计划质量	工作总结质量	备选题目一览表	成绩统计一览表	教师指导记录本	档案材料质量	院级管理工作情况
学前教育学院	优	优	有	有	良	良	良
初等教育学院	良	良	有	有	良	优	优
音乐舞蹈学院	良	中	有	有	中	中	中
美术与设计学院	良	中	有	有	中	良	中
信息科学与工程学院	良	中	有	有	优	良	良
经济管理学院	良	中	有	有	中	良	良
外国语学院	良	良	有	有	良	良	良
体育科学学院	良	中	有	有	良	良	良

（一）学院管理

1. 各学院对毕业论文（设计）工作的重视程度差异很大。有的学院的毕业论文（设计）工作没有得到应有重视，特别是对命题、审题工作做得不扎实，有的甚至没有按学校的要求和程序开展工作。

2. 有的学院毕业论文（设计）工作安排与总结简单。多数学院对中期检查要求不严，中期检查流于形式，存在问题及整改意见过于简单，未按时完成的原因及存在的问题均未作说明。

3. 有的学院毕业论文（设计）指导教师初级职称人数较多，不符合学校相关文件要求。如初等教育学院、美术与设计学院、经济管理学院。

4. 有的学院开题报告内容简单，文献综述内容太少，研究方案、内容太简单，有的学院没有具体时间进度安排，如音乐舞蹈学院、美术设计学院。学前教育学院对开题工作很重视，设计了开题答辩记录表，且记录总结认真，学生的开题报告质量较高。

5. 有的学院签字盖章等手续不完整，各种表格缺学院领导的意见、签字及时间。如音乐舞蹈学院、美术与设计学院。

6. 有的学院领导和指导教师签名不真实，有代签现象。有的时间节点不符合逻辑。

7. 有的学院未按学校要求组织毕业论文（设计）答辩，老师提问质量有待提高，答辩记录简单、不规范，有的甚至是空白的。有的学院由学生主持答辩，不严谨，如经济管理学院。

8. 有的学院毕业论文（设计）封面时间不统一，填写 2018 年 3 月、4 月、5 月、6 月的都有，反映了这些学院未按照人才培养方案要求执行，或者管理不到位。

（二）指导教师和学生管理

1. 部分指导教师工作不够细致，责任心不强，有些表格不签意见和时间。如音乐舞蹈学院、美术与设计学院、外国语学院的相关指导教师。有些意见和评语内容简单，未结合学生论文（设计）的实际内容进行表述，如美术与设计学院、音乐舞蹈学院的相关指导教师。

2. 有些教师指导记录简单，不规范。有些教师指导记录集中在一个月左右，且指导记录都是一个模式。学生填写指导记录，指导教师签字方式值得讨论。

3. 有的论文（设计）总评成绩计算不准确。如初等教育学院 2014 级小学教育专业相关学生的答辩评审表。有的将综合评分表中的分值理解为权重后分数，有的用铅笔填写分数，极不严谨。

4. 学生因各种原因，投入时间不足，投入精力较少。

六、总结与建议

（一）各学院应进一步抓实命题、审题工作，把好选题的入口、出口关。

（二）相关职能部门、各学院应加强对毕业论文（设计）各阶段工作的监控和管理。特别是各学院要进一步加强组织领导和督促检查工作，加强对毕业论文（设计）主要环节质量监控与督导，利用开题、中期检查、教师指导、论文答辩几个关键环节，开展各项管理、督导工作，保证毕业论文（设计）质量稳步提升。教务处对毕业论文（设计）各种表格还可以进一步完善，如毕业论文（设计）课题任务书、答辩评审表。

（三）各学院要认真解读毕业论文（设计）的工作要求，加强对学校毕业论文（设计）工作条例及毕业论文（设计）模板及格式相关文件的学习，严格按规定程序操作，并要求每个指导教师严格遵守学校的规定。

（四）各学院要加强对毕业论文（设计）指导教师工作责任心的教育，引导教师加大对指导工作的精力投入，提高毕业（设计）论文总体质量，确保有一定比例的论文（设计）达到优秀等级标准。

（五）各学院要组织和引导老师加强对学生进行辅导、管理和指导。在日常课程教学中，任课老师要多用课程论文等形式，锻炼学生搜集资料、组织分析与写作能力。在毕业论文的写作中，要多开设专题讲座，对薄弱环节，如选题确定、研究内容大小及方向、文献综合、数据整理、论文写作技巧、参考文献引用等加强训练和指导。

（六）各学院应严格执行人才培养计划中的毕业论文（设计）起止时间和总周数的规定，同时要合理安排毕业实习工作，保证学生有足够的时间和精力投入毕业论文（设计）工作。

（七）对本次检查中发现和实际工作中存在的问题，各学院要以会议形式，一一跟指导老师强调清楚，避免问题再次出现。

三、教师教学工作评价

每年，长沙师范学院督导部门根据《长沙师范学院教师教学工作考核实施办法》，对教学进行教学工作进行评价。长沙督导部门代表学校对全校年度专任、兼课、外聘教师教学工作进行全面考核。评价包括校督导团专家与二级学院督导组听课后评价、学生评教、二级学院评定。评价程序包括校教学质量监控与评估处审核，二级学院公示，校教学工作考核领导小组审定。评价结果是：获得年度教学优秀奖的专任教师，学校进行表彰，颁发荣誉证书及奖金；获得年度教学优秀奖的兼课教师，学校颁发荣誉证书及奖金；获得年度教学优秀奖的外聘教师，翌年续聘者可享受兼课教师同等奖励；专任教师教学考核不合格者，第一年提出黄牌警告，第二年仍不合格者，实施转岗处理；兼课教师教学考核不合格者，第一年提出黄牌警告，第二年仍不合格者，取消该教师 3 年任课资格；外聘教师教学考核不合格者，予以解聘。专任教师和兼课教师年度考核不合格者，不能参加下一年度教师系列的职称评审；因教学事故导致的不合格者，按《长沙师范学院教学事故认定与处理办法》有关条款处理。

第二节　督导工作

随着新时代高等教育的不断发展、教学形式的不断变化，督导方式也与时俱进，各高校督导工作的内涵随之拓展和丰富。近几年来，长沙师范学院开展课堂教学听课、实习实训实践等专题督导，取得明显效果。

一、课堂教学督导

各督导主体通过听课、查阅等形式对各类型教师，如青年教师、新教师等开展听课，同时也对各类竞赛课、专业核心课开展听课。校督导将重点放在“督”上，二级学院督导将重点放在“导”上。督导专家通过随机听课，了解教师的课堂教学活动情况、教案、授课计划、课后辅导、班风学风建设情况，按照评价指标，对任课教师的教学活动做出客观评价，并与其交流反馈，促使其改进教学，对班风学风进行客观评价，改进班风学风，取得了一定成效。下文列出《长沙师范学院 2017 年度教师课堂教学质量校级督导评价结果分析》。

长沙师范学院 2017 年度教师课堂教学质量校级督导评价结果分析

2017 年，10 名校级督导对全校 650 余名各类教师的课堂教学质量进行了评价，我们对督导评价的结果进行了认真分析，现将评价结果分析总结如下。

一、校级督导评价教师人数

2017 年，校级督导对 650 余名各类教师进行了课堂教学质量评价，因有些外聘教师只工作一期，未进行课堂教学质量评价，本次只统计了 559 位各类教师的情况，其中专任教师354人，兼课教师164人，外聘教师41人。各系部具体人数见表1。

表1 2017年校级督导评价教师课堂教学质量人数统计

序号	系部	专任教师/名	兼课教师/名	外聘教师/名	合计/名
1	学前教育系	36	14		50
2	初等教育系	28	32	15	75
3	音乐舞蹈系	61	13	11	85
4	美术动画系	53	10		63
5	艺术设计系	26	4		30
6	信息与工程系	31	36		67
7	经济管理系	20	7		27
8	外语系	41	5		46
9	体育系	28	16	15	59
10	思想政治理论课部	16	18		34
11	师范预科部	14	9		23
合计		354	164	41	559

注：外聘教师只统计了初等教育系、音乐舞蹈系、体育系的部分教师。

二、校级督导评价教师课堂教学质量结果的分析

（一）全校各分数段人员分布情况

从全校559人得分情况看，90分及以上179人，占32.0%；80—89分343人，占61.4%；70—79分31人，占5.5%；70分以下6人，占1.1%。从四个分数段的人数情况看，总体呈梭形正态分布。全校各分数段教师人数分布情况见表2。

表2 全校各分数段教师人数分布情况

分数段	90分及以上	80—89分	70—79分	70分以下	合计
人数	179	343	31	6	559
占比/%	32.0	61.4	5.5	1.1	100

（二）不同类型教师评价得分情况

按专任教师、兼课教师、外聘教师分类，专任教师和兼课教师的平均分非常接近，分别为 87.1 分和 87.2 分，外聘教师平均分为 82.3，有一定差距。90 分及以上教师中兼课教师比例最高，达 40.0%；专任教师次之，为 32.2%；外聘教师最低，只有 9.8%。80—89 分的教师中外聘教师比例最高，达 70.7%；专任教师次之，为 62.4%；兼课教师为 58.1%。80 分以下的情况，外聘教师比例最高，为 19.5%，兼课教师和专任教师比例都较低，分别为 6.3%和 5.4%。不同类型教师评价得分分布情况见表 3。

表 3　不同类型教师评价得分分布情况

教师类型	人数	平均分	90 分及以上		80—89 分		70—79 分		70 分以下	
			人数	占比/%	人数	占比/%	人数	占比/%	人数	占比/%
专任教师	354	87.1	114	32.2	221	62.4	17	4.8	2	0.6
兼课教师	164	87.2	61	40.0	93	58.1	8	5.0	2	1.3
外聘教师	41	82.3	4	9.8	29	70.7	6	14.6	2	4.9

（三）不同职称教师评价得分情况

高级、中级、初级职称教师平均分分别为 89.4 分、87.4 分、84.4 分。高级职称评分 90 分以上的比例达 55%，80 分以下的有 2 人，只占 1.3%。中级职称评分 90 分及以上的占 28.1%，大多集中在 80—89 分这一区间，占 68.4%；80 分以下的有 7 人，占 3.6%。初级职称（含未评级）得分 90 分及以上的只有 19.3%，大多集中在 80—89 分这一区间，占 67.5%；70—79 分区间的也有一定比例，占 10.4%。尤其值得注意的是，评分 70 分以下的 6 位教师全部是初级或未评级教师。不同职称教师评价得分分布情况见表 4。

表 4　不同职称教师评价得分分布情况表

职称	人数	百分比/%	平均分	90 分及以上		80—89 分		70—79 分		70 分以下	
				人数	占比/%	人数	占比/%	人数	占比/%	人数	占比/%
高级（含正、副高）	151	27.0	89.4	83	55.0	66	43.7	2	1.3	0	0
中级	196	35.1	87.4	55	28.1	134	68.4	7	3.6	0	0
初级（含未评级）	212	37.9	84.4	41	19.3	143	67.5	22	10.4	6	2.8

（四）不同年龄段教师评教得分情况

50 岁以上、40—49 岁、30-39 岁、29 岁及以下教师平均分分别为 91.3 分、88.4 分、87.1 分、83.4 分，29 以下教师教学水平有一定差距。50 岁以上教师得分全部在 80 分以上，其中 90 分及以上占 76.1%；80—89 分占 23.9%。40—49 岁教师 96%得分在 80 分以上，其中 90 分及以上占 44.6%；80—89 分占 51.5%；70—79 分占 4%。30—39 岁教师评分为 90 分及以上的比例不高，只占 28.1%；评分在 80—89 分的比例最高，占 69%；评分在 80 分以下的只占 2.9%。29 岁及以下教师评分为 90 分及以上的比例最低，只有 15.3%；评分在 80—89 分人数比例最高，占 65.6%；评分在 70—79 分也有一定比例，占 15.3%。尤其值得注意的是，评分 70 分以下的 6 位教师，有 5 人是 29 岁以下的年轻教师。不同年龄段教师评价得分分布情况见表 5。

表 5　不同年龄段教师评价得分分布情况

年龄	人数	百分比/%	平均分	90 分及以上		80—89 分		70—79 分		70 分以下	
				人数	占比/%	人数	占比/%	人数	占比/%	人数	占比/%
50 岁及以上	46	8.2	91.3	35	76.1	11	23.9	0	0	0	0
40—49 岁	101	18.1	88.4	45	44.6	52	51.5	4	4	0	0
30—39 岁	281	50.3	87.1	79	28.1	194	69	7	2.5	1	0.4
29 岁及以下	131	23.4	83.4	20	15.3	86	65.6	20	15.3	5	3.8

三、评教成绩在各系部排名前 20%、末 10%的分布情况

（一）评教成绩在各系部排名前 20%的人员情况

评教结果排名在各系（部）前 20%的教师全校应有 104 人，因存在并列，实有 115 人，具体人数见表 6。115 位教师中教授 23 人、副教授 35 人、讲师 37 人、助教 17 人、未评级 3 人。从以上数据可以看出，评教结果优秀的教师主要为高级职称人员。

表 6　各系部教师课堂教学质量评价结果排名前 20%人员一览表

系（部）	人数	
	应有	实有
学前教育系	10	10
初等教育系	12	12
音乐舞蹈系	15	15
美术动画系	13	13
艺术设计系	6	7
信息与工程系	13	13
经济管理系	5	5
外语系	9	17
体育系	9	9
思想政治理论课部	7	9
师范预科部	5	5
总计	104	115

（二）各系部排名末 10%的人员分布情况

针对评教结果排名在各系部末 10%的 57 人进行职称结构分析，结果显示：校内专任教师 33 人，其中未评级 10 人，助教 11 人，讲师 7 人，副教授 5 人；兼课教师 24 人，其中未评级 3 人，助教 12 人，讲师 8 人，教授 1 人。57 名教师中助教和未评级人员 36 人，讲师 15 人，高级职称 6 人。从以上数据可以看出，评

教结果靠后的教师主要为助教和未评级人员。

四、存在的主要问题和建议

（一）存在的主要问题

1. 外聘教师人数比例偏高。初等教育系、音乐舞蹈系、体育系外聘教师人数占比分别为 20%、13%、25%，预科部外聘教师比例也很高，这次未统计。其他各系也有一定数量的外聘教师。根据《2016—2017 学年本科教学质量报告》，我校共有返聘、外聘教师 195 人，这是本校教师数量严重不足的体现。我校外聘教师多为在读研究生，其教学经验不足，教学水平不高，教学效果不理想，督导评价分数普遍不高。

2. 年轻教师比例偏高。39 岁以下年轻教师有 412 人，占 73.7%，其评价分数优秀率较低。40 岁以上教师为 147 人，仅占 26.3%。良好以下等级的老师绝大多数是年轻教师，尤其是中等和合格等级的基本上是青年教师。

3. 高级职称教师比例偏低。全校高级职称教师 151 人，中级职称教师 196 人，初级职称和未评级教师 212 人，占比分别为 27%、35%、38%。

由于存在以上“两高一低”现象，我校教师队伍建设任重道远。

（二）几点建议

1. 要加大教师引进力度。根据《2016—2017 学年本科教学质量报告》，我校 2016—2017 学年有在校学生 12250 人，在校教职工 760 人，其中专任教师 460 人，返聘、外聘教师 195 人，生师比为 21.97:1。根据我校的发展规划，2020 年，我校在校学生规模将达到 16000 人，若生师比按 20:1 计算（合格为 18:1，亮黄牌为 22:1），我校还需引进 340 名专任教师。

2. 要加强对年轻教师的培养。据校级督导反映，我校课堂教学中存在的突出问题是，相当部分年轻教师教学经验缺乏，对教材和教学内容把握不够，讲课不熟练，照本宣科或照 PPT 讲课的现象较普遍，教学方法呆板，课堂调控能力较差，教学效果不理想。因此，一是要加大校内培养培训力度。建议成立教师教学发展中心，有组织、有计划、分期分批开办青年教师教学培训班，大面积提高青年教师教学水平和专业能力。二是要着重抓好“老带新”工作。要进一步完善“老带新”制度，切实抓好青年教师“导师制”。要充分发挥校内教授、专家的带动作用，促进青年教师专业成长。三是要着力培养青年骨干教师。要做好青年骨干教师培养计划，鼓励在职教师攻读博士学位；要通过开展专题教研活动、教学竞赛和教学质量评比等，促进青年教师课堂教学水平的提高，大力提高青年教师专业能力，优化教师队伍结构。

3. 要加强对外聘教师的管理。由于我校教师总量不足，外聘教师在未来一段时间内仍然会占较大的比例。因此加强对外聘教师的管理显得尤其重要。一是要把好外聘教师入口关，宁缺勿滥。二是要加强对外聘教师的日常管理和考核。学校、系部要加强对外聘教师的教学指导，加强对外聘教师的考核，对特别优秀的青年外聘教师，要优先引进。三是要建立外聘教师退出机制。对教学水平差、工作态度差、教学效果差的要坚决辞退。另外，要改变聘任方式。对在教师招聘中与引进条件稍有差距的研究生，可考虑采取临聘的方式，聘用期限为2—3 年，通过在职培养培训，对表现优秀的可以优先引进。

二、实习实训实践教学督导

新时代高等教育具有实践性、开放性等特点，因此实习实训实践教学是教学的重要环节。长沙师范学院的实习实训实践督导主要围绕突出学生实践能力培养而展开。对于校内实习实训督导，长沙师范学院有专门听实习实训的督导，对全校实习实训课堂全覆盖，对任课教师的教学基本书件、学生状态、教学管理状态等进行指导检查，发现问题，及时沟通解决。对于校外顶岗实习督导，长沙师范学院同样有专门督导对学生顶岗实习单位进行走访，与行业、企业指导教师交流沟通，进行座谈，为学校进一步改进教学质量提供依据。下文摘录长沙师范学院《2018—2019 学年实践教学、实验室运行管理督导》。

2018—2019 学年实践教学、实验室运行管理督导（摘录）

一、结合实际需要，扎实做好了实践教学管理与规范工作。

依照专业人才培养和专业认证需要做好了实习管理。一方面是对全学年的实习工作进行了周密部署，统筹完成了教育实习、课程见习、毕业实习、写生、采风等实习任务，做到了各项实习期初有计划、执行有方案、落实有过程、事后有总结，全学年共安排各类实践教学环节共计142批次，实习人次为15371人次。一方面是加强了重点环节检查与督查。全学年共开展专题检查2次，开展电话、问卷调查4次，对实习存在问题做到了及时了解，提出相应解决办法。另一方面是积极拓宽了实习基地建设，加强了与教育行政部门的交流。本学年与浏阳市教育局签订了《实践教学协议》，并有效推动了我校与浏阳市教育局的深入合作。先后与醴陵市教育局、浏阳市教育局、华容县教育局、张家界市教育局等15个教育行政部门进行了沟通交流走访，各行政部门在充分肯定我校公费定向生培养质量的同时，也为进一步做好实习管理提出了许多有效建议，希望我校在科学研究、人才培养方面深入合作，希望学校各级领导深入行政部门调研交流。

二、推进实验室运行管理。

做好实验室安全检查。

（1）共组织开展了6次实验室安全常规检查，迎接并顺利通过了2018、2019年度高校教学科研实验室安全现场检查工作。组织各二级学院对照《高等学校实验室安全检查项目表（2019）》做好安全隐患排查工作，制定安全隐患整改方案，并严格督促各二级学院积极落实隐患整改，有力地保障了实验教学的安全运行。

（2）开展了二级学院实验室简介、实验室规章制度、重大仪器操作流程整理完善工作，并督促各二级学院上墙相关制度，做好实验室安全及文化建设。

三、其他常规督导工作

除了课堂教学督导、实习实训实践督导工作外，长沙师范学院督导部门还组织专家开展了以下工作：一是组织专家对各二级学院、教研室教研活动进行督查和指导；二是对教学管理和教学规章制度进行督查和指导；三是对考风考纪进行具体督查。下文列举长沙师范学院《关于对2017—2018学年第二学期期末监考工作进行督导检查的通知》。

关于对2017—2018学年第二学期期末监考工作进行督导检查的通知

各校级督导专家、各二级学院教学督导组:

我校2017—2018学年第二学期期末考试将于第18周（2017年7月2—6日）进行。根据学校考试工作要求，学校教学质量监控与评估处将组织校级教学督导专家对各二级学院督导员巡考及教师监考情况进行督导检查。现将有关督导检查工作要求通知如下:

一、校级教学督导专家将按照教学质量监控与评估处的相关安排，在考试周对各二级学院考试各环节工作进行督导检查。

二、各二级学院教学督导组要高度重视期末考试的检查工作，在期末考试前要督促指导二级学院召开任课教师、监考人员、辅导员（班主任）和学生班团干部考前会议；要督促指导二级学院安排好巡考、监考相关工作，切实保证主考与监考教师人员到位、工作到位、责任到位。各二级学院教学督导组必须在7月1日前将本学院党政领导和教学督导员参加考场巡考的安排表发送给教学质量监控与评估处备案。

三、各二级学院党政领导和教学督导员要带头参加对本学院负责的主考课程、本学院教师承担监考任务的考场进行全程巡考；要重点检查本学院负责的主考课程和本学院监考教师的考场考前准备工作（包括本学院主考课程负责人、监考教师是否及时到岗到位，考场清理是否彻底，本学院学生是否按规定就座，考场秩序是否正常，监考人员是否严格履行监考职责等）；要严肃查处本学院学生舞弊行为、教师监考过程中玩或者看手机行为，要积极帮助本学院监考教师处理考试过程中出现的各种突发事件，维护考场纪律，保持考试的公平公正。

长沙师范学院教学质量监控与评估处

2017年6月26日

第三节 质量监控工作

治理视域下长沙师范学院督导部门除了开展相关督导、评价方面的工作，众多督导主体还开展了相关教学质量的监控工作，获得了相当有价值的信息，为学校教学质量的提高贡献了力量。

一、期初教学巡查与调研

各督导主体开展最多的一项工作是每期的期初教学巡查与调研，参与的主体包括校领导、各管理部门、各教师、学生、企事业单位等，通过听课、查阅等形式对各二级学院的专业设置、人才培养模式、人才培养方案、课程体系、课程和教材建设、校内外实训基地建设、师资队伍建设等环节进行巡查。下文列出《长沙师范学院 2018—2019 学年第一学期期初教学巡查与调研总结》。

长沙师范学院 2018—2019 学年第一学期期初教学巡查与调研总结

一、基本情况

2018 年 9 月 10 日，2018—2019 学年第一学期新学期上课第一天，学校组织 11 个巡查小组，由校领导带队深入各教学单位，就教师教学准备与上课情况、教学环境与教学条件准备、学生学习投入度与学习效果、教学运行管理等情况进行了全面巡查；同时，各巡查小组在校领导带领下，深入课堂进行了听课。另外，各巡查小组还和相关系部领导、教师代表、学生代表进行了座谈。从巡查、听课、座谈反馈情况看，全校上下教风学风良好，具体表现如下。

（一）开学工作准备充分，教学运行整体好。这主要缘于学校领导、相关职能处室领导于正式上课之前多次检查、督促落实各项开学准备工作。同时也是各系部领导、行政人员带头巡查、各岗位工作人员积极落实开学工作的结果。

（二）教师授课准备充分，课堂教学好。开学第一天，绝大部分教师携带好了教学文件，提前到达教室。从校领导带领的 11 个巡查小组进课堂听课反馈情况看，各课堂教师教学情况较好。

（三）学生到课率高，课堂学习认真。从巡查情况看，课堂上学生学习积极性高，听课注意力集中，学习氛围好。

从被抽查的班级到课率来看，初等教育学院、音乐舞蹈学院、体育科学学院、数学科学学院、预科教育学院为100%；学前教育系约为97%；其余院均在98%以上。

二、存在的问题及相关诉求

通过巡查及巡查小组与系部领导、教师代表和学生代表座谈，发现了一些影响教学质量的问题，具体如下：

（一）教学秩序方面

1. 教学秩序：教学计划的安排（课表微调），课程承担单位与学生所在单位协调、沟通存在问题，如一教212教室2017级小学教育601班地理课，老师在教室，但学生未到位；213教室2017级小学教育602班物理课，学生等着上课，却没见到上课教师。系统显示语言文字教研室外聘教师应该在一教615教室上第一节2017级汉语言文学402班的教师语言技能课，实际上学生等在611教室，没老师上课，老师上课迟到半小时。经查，授课老师搞错教室，跑去北校区了（615教室根本不存在，但系统显示有该教室）。有提早下课的情况：南校区一实验楼114室老师给2016级小学教育502班上儿童生理卫生学课时，提前下课。

2. 教学准备不充分：南校区一教506教室2017级预小505班的化学课已上课5分多钟，老师还在对接电脑与多媒体，老师多媒体操作不熟练，学生在帮忙调节电脑。

3. 南校区第一教学楼有部分教室存在桌椅大小长短不一、黑板生锈、没有窗帘、教室网线乱搭等影响教学环境的状况。

4. 部分教室未将课表上墙。如南校区实验楼第一实验楼112、111、108、106、104、309、310教室和南校区第一教学楼602教室均有课表未上墙现象。615教室不存在，需要将排在该教室的课调至其他空闲教室。

（二）教学管理存在的问题及相关诉求

1. 音乐舞蹈学院反映，学前教育学院人才培养方案随意减少音乐类课程课时。在此之前也不与公共教研室三位主任沟通，导致公共教研室老师课时不满或无课上。艺术类人才培养需要大量的艺术实践活动，但参加艺术实践时需调停课，请教务部门给予适当支持。

2. 教务系统落后（比如，排课等日常事务全需手动修改）；系选课勾选名单时间不合理。

3. 学前教育学院反映，少数班周三选修课与必修课有冲突。

4. 经济管理学院反映，上课之前教室总是临时变换，现阶段中国近现代史纲要课的上课教室不方便，后排无法听清与看清老师上课的内容，教室没有桌子，无法做笔记；课内实训出行不方便，作为北校区的学生，周五和周三有两次去南校区实训室的课，为确保安全，学校能否派车接送；我校对于财务管理专业教学资源少，专业相关讲座少；部分教材晚到，许多同学没有教材。

5. 学前教育学院反映，个别教材没有到位。

6. 希望能进一步完善学生评教方式。比如，教师在批评学生后，学生会在学生评教中报复教师，使得有责任心教师的学生评教分数低。建议在学生评分后，要求给予评分理由。

7. 美术动画系与艺术设计系合并后，美术与设计学院的资产需要及时清理与整合。

（三）学生学习方面存在的问题及相关诉求

1. 在教师资格证考试中，体育科学学院学生很盲目，无思绪。

2. 学校可否给学院、学生科研奖励与政策支持。

（四）教学仪器设备存在问题

1. 南校区第一实验楼 111 教室投影仪插线太短，幕布打不开；第一实验楼104 教室投影太小；个别多媒体教室、实验室讲台没到位。

2. 南校区艺术馆内舞蹈教室、数码钢琴教室设施设备年久失修，老化严重，有的数码钢琴教室只有一二台琴可以使用，严重影响教学质量。另外，馆内卫生状况差。

3. 校园网络费用贵，信号差。

4. 南校实验楼一楼电铃时间不准（提早三分钟响铃）。

（五）财务方面存在的问题及相关诉求

学校相关教学经费的划分、管理、报账等流程都对教学产生了影响。例如，实习经费的分配；毕业设计作品的回购无法报账；相关教学耗材，例如粉笔的购买或者申领程序；专业建设经费的使用流程；在线报账流程是否合理等财务问题。建议学校召开财务座谈会，了解报账的一些问题和并给予解决。

（六）教学环境与后勤管理方面存在的问题及相关诉求

1. 南校区第一教学楼 3 层西阳台角落卫生差，拖把等物品堆在角落，影响美观；6 层楼顶卫生、安全存在隐患，有人住宿，晒有衣服等；教室桌椅归位问题，有部分教室还是特岗面试时的状态。

2. 南校区第一实验楼一层女厕所门大部分损坏，厕所是堵的，无法正常使用。南校区实验楼洗手间冲水有问题。

3. 体育学院反映，场馆紧张，场地跑道废旧，容易受伤。

4. 经管学院南校区下课时间与初等教育学院下课时间不匹配。

5. 学生反映，许多社会人士能够轻易进入南校区第一实验楼教室，请求加强第一实验楼安保工作，同时想了解是否能在其他教室自习。

6. 北校区食堂座位少，费用贵。南校区食堂出现占座拥挤情况，无法用餐。

7. 体育学院反映，假期代表队高强度训练，伙食差，同学们身体吃不消。

8. 南校区第一教学楼四层西厅露台杂物堆放尚未清除（该工作由物业公司负责）。第一教学楼 7 层多了板房，卫生情况不好，且电线不规范，存在安全隐患。

9. 美术与设计学院反映，教室桌椅配备不够，会议室、多功能报告厅的设施设备需要增设。

（七）寝室管理的问题及相关诉求

1. 经济管理学院 8 栋 118 寝室、101 寝室以及 12 栋 6 层、1 栋部分寝室没有热水。12 栋 5 层饮用水停水，6 层无饮用水。

2. 经济管理系反映，学校发放的寝室钥匙打不开门，需自行配钥匙，还有几个寝室没有花洒，报修没人来修理，有的寝室没有床板。

3. 金岸学生公寓存在巨大安全隐患，存在学生寝室漏水、屋顶开裂、维修处理不及时，报修两年无人处理。3 栋 213 室的灯、洗漱台开关坏掉；221 室风扇、灯损坏，室内漏水，开关漏电；1 栋 110 室灯、厕所损坏。建议加强对物业的管理沟通，解决问题；对没有维修处理、存在安全隐患的学生寝室，不安排学生入住。

三、整改建议

1. 根据通报所列内容，请各相关部门主动作为，迅速行动，对所负责的内容尽快研究整改方案，并主动与问题反映单位沟通，通报解决方案与处理结果，同时报我处备案。

2. 对于重大问题，我处将下达“教学质量监控反馈问题交办单”，跟踪处理结果。

二、教学信息员

教学信息员主要有学生教学信息员、教师教学信息员、就业单位教学信息员。教学信息员可以反映所有想要反映的事项，主要通过 QQ、电话方式将信息传递给长沙师范学院督导部门。督导部门收到相关信息后，会对其进行整理，然后反馈给相关部门落实。

长沙师范学院督导部门注重“校企合作、工学结合”，聘请行业、企业专家参与教学质量评价，对人才培养方案修订、专业建设、课程建设等方面提出改进意见及建议，实现校企双赢、资源互用、利益共享。近年来，就业单位参与率较高。下文列举《长沙师范学院 2018 级本科新生对学校满意度调查报告》。

长沙师范学院 2018 级本科新生对学校满意度调查报告

为了解 2018 级新生对校园环境、学校教学和管理等方面的满意度情况，进一步加强和改进学校各方面的工作，推动学校科学发展，2018 年 11 月，教学质量监控与评估处组织对我校2018级本科新生进行了问卷调查，现将本次调查情况报告如下。

一、调查工作实施概况

1. 调查的组织。本次调查由教学质量监控与评估处负责组织，通过网络平台“问卷星”，采用网络问卷调查的方式进行调查。教学质量监控与评估处负责设计制作调查问卷，起草《关于组织开展2018级本科新生满意度调查的通知》，由各二级学院负责组织，将通知下发到2018级本科各班，由各班自行组织本班学生参与调查，填写调查问卷。

2. 调查的内容。本次调查涉及5大内容，共有27个分项，主要内容和各分项题号见表1。

表1　调查内容和各分项题号

序号	内容	题目起止号
1	调查对象基本情况	1～2
2	对校园环境和基础设施的看法和与评价	3～9
3	对教师的教育教学工作的看法和评价	10～17
4	对学校管理与服务工作的看法和评价	18～26
5	对学校环境、教学和管理的意见和建议	27

二、调查对象的基本情况

1. 调查对象的数量。2018级本科新生共2750人，有1924人参与调查，参与调查的比例为69.96%。各系参与调查的人数及比例见表2。

表2　各系参与调查的人数及比例

系部	总人数	参与调查的人数	参与调查的比例/%
经济管理学院	359	235	65.46
学前教育学院	316	259	81.96
外国语学院	242	252	104.13

续表

系部	总人数	参与调查的人数	参与调查的比例/%
音乐舞蹈学院	252	119	47.22
信息科学与工程学院	410	361	88.05
美术与设计学院	718	394	54.87
初等教育学院	247	128	51.82
数学科学学院	84	83	98.81
体育科学学院	122	93	76.23
合计	2750	1924	69.96

注：外国语学院存在重复答题的现象，参与调查的比例超过 100%。

2. 调查对象的性别。在 1924 名学生中，男生 440 名，女生 1484 名。男女生比例见表 3。

表 3　调查对象性别比例

性别	人数	比例/%
男生	440	22.87
女生	1484	77.13

三、调查结果

（一）对学校的总体看法和评价

按照非常满意、比较满意、一般、不满意、非常不满意五个层次，其中“非常满意、比较满意、一般”为满意，“不满意、非常不满意”为不满意，计算出学生对校园环境和基础设施、教师的教育教学工作、学校管理与服务工作三个方面的总满意率为 95.14%。分项来看，学生对教师教育教学工作的满意率最高，为 98.46%；其次是对学校管理与服务工作，满意率为 94.50%；对校园环境和基础设施的满意率最低，为 92.18%。

（二）对校园环境和基础设施的看法和评价

题号	内容	满意率/%	总满意率/%
3	您对学校整体的校园环境的满意程度	95.32	92.18
4	您对学校基本教学设施（包括教室、琴房、画室、语音室、机房、图书馆、运动场馆设施等）的满意程度	92.05	
5	您对学校宿舍的基本设施的满意程度	84.04	
6	您对学校教学环境的满意程度	96.21	
7	您对学校图书馆的馆藏资源和流通环境的满意程度	94.86	
8	您对图书馆学习环境的满意程度	96.98	
9	您对学校网络环境和网络资源及其利用条件的满意程度	85.81	

1. 学生对图书馆学习环境的满意程度最高，为 96.98%；其次是对学校教学环境的满意程度，为 96.21%。

2. 学生最不满意的是学校宿舍的基本设施，满意率只有 84.04%。有 15.96% 的学生对学校宿舍基本设施表示不满意。对学校网络环境和网络资源及其利用条件的满意率仅为 85.81%。以上问题学生教学信息员在近两年多次反映，学校宿舍条件和网络环境一直得不到改善。对学校基本教学设施（包括教室、琴房、画室、语音室、机房、图书馆、运动场馆设施等）的满意率为 92.05%。

（三）对教师的教育教学工作的看法和评价

题号	内容	满意率/%	总满意率/%
10	您对学校师资的满意程度	98.07	98.46
11	您对任课教师敬业精神、工作态度、教学上的精力投入的满意程度	99.16	
12	您对任课教师的课堂教学能力和学识水平的满意程度	99.01	
13	您对任课教师的教学方法与教学手段的满意程度	98.23	
14	您对任课教师在有效运用多媒体进行教学并切实增进学生的学习效果方面所作的努力的满意程度	99.28	

续表

题号	内容	满意率/%	总满意率/%
15	您对任课教师在调动学生的积极性、引导学生参与互动、调节课堂气氛方面的满意程度	98.28	98.46
16	您对任课教师在主动征求和听取学生有关教学的意见、融洽师生关系方面的满意程度	97.97	
17	您对任课教师在教学中贯彻因材施教方面的满意程度	97.66	

1. 学生对任课教师在有效运用多媒体进行教学并切实增进学生的学习效果方面所作的努力的满意率最高，为 99.28%；对任课教师敬业精神、工作态度、教学上的精力投入的满意率为 99.16%；对任课教师的课堂教学能力和学识水平的满意率为 99.01%。

2. 学生对任课教师在调动学生的积极性、引导学生参与互动、调节课堂气氛和对任课教师的教学方法与教学手段，以及对学校师资总体状况三个方面的满意率也比较高，均在 98%以上。

3. 学生对任课教师在主动征求和听取学生有关教学的意见、融洽师生关系和对任课教师们在教学中贯彻因材施教两个方面的满意率为 97%～98%。

（四）对学校管理与服务工作的看法和评价

题号	内容	满意率/%	总满意率/%
18	您对自己的辅导员在关心学生成长、工作责任心、工作方法、思想政治教育能力、人格魅力等方面的满意程度	97.71	94.50
19	您对自己的班主任的责任心和在关心学生成长、与学生交流等方面的满意程度	97.71	
20	您对学校的学风总体状况的满意程度	96.57	
21	您对教学处、系部教务办的教学管理与服务质量的满意程度	97.29	
22	您对系领导、政治辅导员、班主任、任课教师对学生的学业指导工作开展情况的满意程度	98.80	

续表

题号	内容	满意率/%	总满意率/%
23	您对学校图书馆、阅览室的服务质量的满意程度	97.19	
24	你对学校伙食的满意程度	84.77	
25	你对学校食堂的服务质量的满意程度	91.69	
26	你对学校学生宿舍的管理与服务质量的满意程度	88.78	

1. 学生对系领导、政治辅导员、班主任、任课教师对学生的学业指导工作开展情况的满意率最高，为 98.80%；其次是对辅导员在关心学生成长、工作责任心、工作方法、思想政治教育能力、人格魅力等方面，对班主任的责任心和在关心学生成长、与学生交流等方面，满意率均为 97.71%；学生对教学处、系部教务办的教学管理与服务质量和对学校图书馆、阅览室的服务质量满意率也在 97% 以上。

2. 学生对学校食堂伙食的满意率最低，只有 84.77%；其次是对学校学生宿舍的管理与服务质量，满意率为 88.78%。

四、学生的意见和建议

调查问卷第 27 题为主观题，是征求学生对学校环境、教学和管理的意见和建议。在参与调查的 1924 名学生中，共筛选出 1533 条有效意见和建议。学生意见最为集中、关注度最高的分别是学生宿舍、食堂、图书馆。有 613 条是针对宿舍的意见（其中关键词“宿舍”385 条，“寝室”213 条，“公寓”15 条），占总数的 40%。这些意见，突出在对空调、热水、用电的要求上（其中“空调”254 条，“热水”207 条，“电压”116 条，“冷”71 条）。其次是对食堂的意见，有 424 条（其中关键词“食堂”307 条，“菜”117 条），占总数的 27.7%。再次是对教学的意见有 148 条（其中关键词“教学”96 条，“教室”41 条，“黑板”11 条），占总数的 9.7%。另外，对图书馆的意见有 85 条，占 5.5%。对“操场”的意见有 33 条，对学校“网络”的意见有 24 条，对体育馆的意见有 10 条。

第十二章　治理视域下长沙师范学院督导信息反馈机制创新建设实践

高校教学督导信息的反馈是指把高校教学运行状态信息真实、全面、快速地反馈给校领导、教学管理部门、教学参与者等。高校教学督导信息反馈工作是目前地方高校督导部门较难开展的工作，教学质量的监控与评估都离不开教学信息收集与反馈。针对这个难题，从治理的视角，长沙师范学院督导部门进行了一些有益的尝试。

一、确立督导信息协同反馈的理念及其定位

1. 督导信息反馈从单一到协同，使之可持续发展

督导信息反馈从单一到协同，是因为从治理的视角看，地方高校校级教学督导工作过去主要以督导教学、评估检查为主，强调的是“督”，容易对授课教师、教学管理人员等产生无形压力；而二级学院的督导某种程度上处于弱化或缺失的状态。为解决这个问题，长沙师范学院督导信息的反馈原则是要使校和二级学院两级督导机构形成协同反馈的督导信息反馈理念，实现由“外部教学监控”到“内部学教共生”。

长沙师范学院督导信息反馈主要以校级督导进行顶层设计，而将二级学院督导作为督导信息反馈的主体，向校级督导反馈信息，同时向教师面对面反馈；强化二级学院的督导、督教和督学，从内部专业“导”的角度将督导相关信息反馈给相关人员或机构，使之持续改进，形成独具特点的两级协同督导信息反馈机制。

2. 督导信息精准反馈，实现协同治理

督导信息的反馈只是将信息简单反馈到学院教务办或者某个部门，信息反馈

没有精准到点。针对这个问题，长沙师范学院确立督导信息反馈要找对人、找对问题、找对解决方案，督导信息反馈系统要定位准确的原则。相关部门或个人的改进工作，要根据反馈的督导信息对症下药；各二级学院督导要持续跟进；最后，校级教学督导再次督查，检验实际改进效果。这样，校院督导分工合作，协同治理，保障教学质量。

二、治理视域下长沙师范学院督导协同反馈系统建设

治理视域下长沙师范学院督导反馈系统建设主要包括督导信息收集系统、督导信息加工处理系统、督导信息数字化管理系统。

（一）紧抓督导协同信息收集

督导信息来源多样，为了有效地开展督导信息的收集工作，长沙师范学院采取的教学信息收集渠道如下所述

（1）通过学校的相关职能部门进行督导信息收集。目前长沙师范学院收集教学信息的部门主要有各二级学院、招生就业处、用人单位等。督导信息收集后汇总到学校教学质量监控与评估处。

（2）通过学校内部进行督导信息收集工作。目前长沙师范学院督导信息收集人员主要有督导专家、学生信息员、教师信息员、学生家长及其他社会成员、应届和往届毕业生等。

（3）通过在学校内部设置的一些固定渠道收集督导信息。目前长沙师范学院设置相关督导信息收集箱，设置教学质量监督电话或设置网上电子信箱等，进行督导信息收集。

（4）通过毕业生跟踪调查进行信息收集。督导专家通过走访用人单位、举办座谈会、进行个别访谈的方式进行督导信息收集。

（5）通过其他督导主体收集督导信息。其他督导主体包括学生家长、社会人士、企事业单位、学生就业单位等。

（二）做好督导协同信息反馈

督导信息反馈系统作为双向传递信息的系统，除了督导协同信息的收集外，

还有督导协同信息的加工处理，即收集系统把督导信息传递给督导信息加工处理系统，然后再把经过加工处理的督导相关信息反馈给教师、决策者、管理者等。

1. 加工处理督导信息

通过各个渠道收集到的督导信息，分层次在学校各个部门和教学单位进行加工处理，其中教学质量监控与评估处承担主要工作，然后把这些收集和传递的督导信息进行分类整理，并交相关部门具体落实。下文列举长沙师范学院《2019届本科毕业生满意度调查报告》。

2019届本科毕业生满意度调查报告

为了解2019届本科毕业生对学校教学、服务、设施、学生工作、社团、就业等方面工作的满意度，进一步加强和改进学校各方面的工作，2019年5月10日至15日，教学质量监控与评估处组织各二级学院的2019届本科毕业生进行了问卷调查，现将本次调查情况报告如下。

一、调查工作实施概况

1. 调查的组织。本次调查由教学质量监控与评估处负责组织，通过网络平台“问卷星”，采用网络问卷调查的方式进行调查。教学质量监控与评估处负责设计制作调查问卷，并下发了《关于组织开展2019届本科毕业生满意度调查的通知》，由各二级学院负责组织进行，将通知下发到2019届本科专业各毕业班，由各班组织本班学生参与调查，填写调查问卷。

2. 调查的内容。本次调查涉及6大内容，共有35个小题，主要内容和各分项题号见表1。

表1 调查内容和各分项题号

序号	内容	题目起止号
1	教学工作	1～13
2	学校服务及设施	14～19
3	学生工作及社团	20～24

续表

序号	内容	题目起止号
4	就业工作	25～30
5	总体满意度	31～34
6	对学校的意见与建议	35

二、调查对象的基本情况

1. 调查对象的数量。全校 2019 届本科毕业生共 1137 人，有 835 人参与调查，参与调查的比例为 73.4%。各学院、各专业参与调查的人数及比例见表 2。

表 2 各学院、各专业参与调查的人数及比例

二级学院	专业	总人数	参与调查的人数	参与调查的比例/%
学前教育学院	学前教育	350	229	65.43
	应用心理学	41	39	95.12
初等教育学院	小学教育	300	271	90.33
美术与设计学院	美术学	182	143	78.57
	动画	127	102	80.31
音乐舞蹈学院	音乐学	191	131	68.59
信息科学与工程学院	工业设计	59	31	52.54
	电子信息工程	80	53	66.25
	包装工程	41	26	63.41
外国语学院	英语	189	200	105.82
体育科学学院	体育教育	89	83	93.26
经济管理学院	财务管理	77	80	103.9
	酒店管理	40	36	90
合计		1766	1424	80.63

注：英语、财务管理专业存在重复答题的现象，参与调查的比例超过 100%。

2. 调查对象的性别。在参与调查的 1424 名学生中（按答题的人次算），有男生 315 名，女生 1109 名。男女生比例见表 3。

表 3 调查对象性别比例

专业	参与调查的人数	男生		女生	
		人数	占比/%	人数	占比/%
学前教育	229	11	4.80	218	95.20
应用心理学	39	11	28.21	28	71.79
小学教育	271	10	3.69	261	96.31
美术学	143	57	39.86	86	60.14
动画	102	46	45.10	56	54.90
音乐学	131	29	22.14	102	77.86
工业设计	31	6	19.35	25	80.65
电子信息工程	53	39	73.58	14	26.42
包装工程	26	6	23.08	20	76.92
英语	200	7	3.50	193	96.50
体育教育	83	64	77.11	19	22.89
财务管理	80	23	28.75	57	71.25
酒店管理	36	6	16.67	30	83.33
合　计	1424	315	22.12	1109	77.88

三、调查结果及分析

（一）对学校各项工作的总体看法和评价

按照非常满意、满意、基本满意、不太满意、不满意五个层次，其中“非常满意、满意、基本满意”为满意，“不太满意、不满意”为不满意，计算出 2019 届本科毕业生对学校教学、服务及设施、学生工作及社团、就业工作以及总体满意率，见表 4。

表4 分项及总体满意率

序号	内容	满意率/%		
		2017届	2018届	2019届
1	教学工作	88.6	87.4	91.98
2	学校服务及设施	89.2	85.5	90.14
3	学生工作及社团	92.6	91.6	94.24
4	就业工作	87.2	89.6	93.16
5	总体满意度	90.9	92.2	93.14

从表4可以看出，学生对学生工作及社团的满意率最高，为94.24%；其次是对就业工作和总体满意度的满意率，分别为93.16%和93.14%；满意率最低的是学校服务及设施，满意率为90.14%。

（二）关于教学工作

教学是学校的中心工作。从总体来看，本届毕业生对学校教学工作的满意率不高，只有91.98%。本项共13个小题，学生对教学工作各项内容满意率见表5。

表5 教学工作分题满意率

题号	内容	满意率/%		
		2017届	2018届	2019届
1	您对学校教学工作的总体评价	89.7	91.3	95.44
2	您对学校教师的师德师风的满意度	96.1	96.4	96.98
3	您对学校教师的教学水平的满意度	93.5	96.3	97.68
4	您对师生之间的交流与反馈的满意度	92.3	91.4	95.58
5	您对本专业的课程设置的满意度	81	79.0	87.29
6	您对学校的课程考试与评价方式的满意度	93.2	92.2	95.07
7	您对学校校内实践教学设施与组织的满意度	90.6	89.1	93.26
8	您对学校校外实训实习组织与实施的满意度	79.4	83.2	88.97
9	您对学校学生科研创新创业支持方面的工作的满意度	90.1	89.6	92.56

续表

题号	内容	满意率/%		
		2017 届	2018 届	2019 届
10	您对学校跨专业交流学习平台的满意度	81.6	78.0	85.18
11	您对学校国际交流学习平台的满意度	79.7	71.9	80.19
12	您对学校的学习风气的满意度	91	86.5	92.28
13	您对学校在学生社会责任意识的培养方面的满意度	93.2	90.8	95.29
总满意率		88.6	87.4	91.98

1. 在教学工作方面，学生对学校教师教学水平的满意程度最高，为 97.68%；其次是对学校教师的师德师风、师生之间的交流与反馈、学校教学工作的总体评价、学校在学生社会责任意识的培养和学校的课程考试与评价方式的满意程度，分别为 96.98%、95.58%、95.44%、95.29%和 95.07%。

2. 学生最不满意的是学校国际交流学习平台，满意率只有 80.19%；其次是学校跨专业交流学习平台，满意率为 85.18%。另外，对专业课程的设置和对学校校外实训实习组织与实施的满意率分别为 87.29%和 88.97%。

（三）关于学校服务及设施

学校服务及设施方面共 6 个小题，主要包括学校环境、图书馆、食堂、宿舍、体育活动设施及网络资源等方面，满意率见表 6。

表 6　学校服务及设施分题满意率

题号	内容	满意率%		
		2017 届	2018 届	2019 届
14	您对学校环境、交通及安保服务的满意度	91.6	89.2	91.79
15	您对图书馆、阅览室的设施及服务的满意度	91.3	89.5	94.17
16	您对学校多媒体及网络资源等设施及服务的满意度	88.1	84.9	89.48
17	您对学校食堂的服务质量的满意度	93.9	88.3	90.32

续表

题号	内容	满意率%		
		2017 届	2018 届	2019 届
18	您对学生宿舍的管理与服务质量的满意度	85.2	77.6	84.83
19	您对学校体育及课外活动设施及服务的满意度	85.5	83.7	90.24
总满意率		89.2	85.5	90.14

1. 在学校服务及设施方面，学生最满意的是图书馆、阅览室的设施及服务，满意率为 94.17%；其次是学校环境、交通及安保服务，满意率为 91.79%；再次是学校食堂的服务质量，满意率为 90.32%。

2. 学生最不满意的是学生宿舍的管理与服务质量和学校多媒体及网络资源等设施及服务，满意率分别为 84.83%和 89.48%。究其原因，主要是因为学校尚在建设当中，学生宿舍、体育及课外活动设施尚未完善，因此学生对服务设施及服务质量不够满意。尤其是南校区金岸公寓的条件和服务较差，学生对其意见大，导致满意率低。

（四）关于学生工作及社团

学生工作及社团共设 5 个小题，包括辅导员或班主任工作、社团及文化活动、学生资助、行政管理及心理辅导等内容，满意率见表 7。

表 7　学生工作及社团分题满意率

题号	内容	满意率/%		
		2017 届	2018 届	2019 届
20	您对辅导员或班主任的工作效果的满意度	96.1	95.6	96.42
21	您对学校社团及文化活动组织的满意度	89	90.3	93.96
22	您对学生资助服务及奖励的满意度	94.2	91.1	94.24
23	您对教务管理及其他行政服务的满意度	88.4	87.7	91.44
24	您对学校为学生提供的心理辅导的满意度	95.5	93.3	95.16
总满意率		92.6	91.6	94.24

1. 在学生工作及社团方面，学生最满意的是辅导员或班主任的工作效果，满意率为96.42%；其次是对学校为学生提供的心理辅导和对学生资助服务及奖励的满足意率，分别为95.16%和94.24%。

2. 学生对教务管理及行政服务满意率不高，只有91.44%。

（五）关于就业工作

1. 就业工作方面，学生最满意的是签约单位，满意率为95.29%；其次是学校就业创业指导课程的教学质量，满意率为94.38%，再次是学校就业创业咨询与指导工作，满意率为93.75%。

2. 对学校招聘会用人单位的质量的满意率最低，为90.09%；对就业服务工作情况的总体评价满意率也不高，为92.49%；对学校就业工作人员提供的就业信息和服务质量的满意率只有92.98%。具体满意率见表8。

表8 就业工作分题满意率

题号	内容	满意率/%		
		2017届	2018届	2019届
25	您对我校学生就业服务工作情况的总体评价	84.8	88.1	92.49
26	您对学校就业创业咨询与指导工作的满意度	85.2	88.9	93.75
27	您对学校就业工作人员提供的就业信息和服务质量的满意度	85.8	90.3	92.98
28	您对学校就业创业指导课程的教学质量的满意度	87.1	89.0	94.38
29	您对学校招聘会用人单位的质量的满意度	87.7	87.9	90.09
30	如果您已签约，您对签约单位的满意度	92.6	93.3	95.29
总满意率		87.2	89.6	93.16

（六）对学校的总体满意度

1. 学生对学校的总体满意度越来越高，2017、2018、2019届学生的满意率分别为91.6%、92.8%、95.02%；对所学专业的总体满意度也越来越高，2017、

2018、2019 届学生的满意率分别为 89.7%、91.9%、93.47%。

2. 在对学校的感情方面，学生心理比较矛盾。一方面，对学校的自豪感不够高，表现在只有 88.76%的同学愿意把本校推荐给他人报考。另一方面，学生对回馈母校表示相当积极，有 80.83%的学生明确表示愿意回馈母校。学生对学校总体满意度分题满意率见表 9。

表 9 对学校总体满意度分题满意率

题号	内容	满意率/%		
		2017 届	2018 届	2019 届
31	您对学校的总体满意度	91.6	92.8	95.02
32	您对所学专业的总体满意度	89.7	91.9	93.47
33	您是否为学校感到骄傲，并会把本校推荐给他人报考	87.1	88.7	88.76
34	如有条件或能力允许，您是否会回馈母校	95.2	95.4	95.29
总满意率		90.9	92.2	93.14

四、学生的意见和建议

最后一题为问答题，即征求学生对学校的意见和建议。共收集到意见和建议 465 条，其中服务及设施方面 110 条，占 23.66%，主要意见集中在学生宿舍、食堂的管理与服务质量方面，大家希望加强宿舍管理，改善宿舍条件。南校区的同学对金岸学生公寓提出了很多意见，如设施修理不及时、热水器少、饮水等问题；北校区的同学主要希望改善住宿条件，建议安装空调。教学方面有 64 条意见，占 13.76%，主要是希望课程设置更合理，课程安排和校外实践应该更加符合学生不同时期的要求，大四下学期少开设课程以便学生有更多时间找工作，应更加注重训练学生的实践教学经验等。另外，管理方面的意见有 44 条，占 9.46%；学生工作及社团方面的意见有 36 条，占 7.74%；其他方面的意见有 209 条，占 44.95%，其中主要是填写无意见、很好以及对母校的祝福等。具体意见和建议见表 10。

表 10 学生意见和建议主要涉及的内容

专业	意见和建议数量/条	主要内容/条					
		教学	服务及设施	学生工作及社团	就业	管理	其他
学前教育	77	18	16	8	0	11	24
应用心理学	20	3	4	1	0	5	7
小学教育	93	9	31	7	0	5	41
美术学	38	3	5	5	0	2	23
动画	35	8	11	3	0	3	10
音乐学	35	3	6	2	1	1	22
工业设计	10	4	5	0	0	0	1
电子信息工程	19	2	3	0	0	2	12
包装工程	10	3	2	0	0	1	4
英语	59	4	18	1	0	9	26
体育教育	35	1	7	1	0	3	23
财务管理	23	3	1	5	1	1	12
酒店管理	11	3	1	3	0	1	3
合计	465	64	110	36	2	44	209

五、近三年的数据对比

对比近三年各项调查数据，发现如下规律。

1. 毕业生对学校的各项工作满意率总体呈逐年上升趋势。从大项来看，就业工作和总体满意度逐年上升，教学工作、学校服务及设施、学生工作及社团三项工作，2018 年较 2017 年略有下降，但 2019 年有较大幅度上升。

2. 毕业生对我校教师师德师风和教学水平的满意度高，连续三年均位居各项之首；学生对班主任和辅导员的工作效果满意率高。由此可见，我校教师爱岗敬业，教学水平较高，教学能力较强，工作认真负责，得到了历届毕业生的高度认可。

3. 毕业生对我校国际交流学习平台、学校跨专业交流学习平台、校外实训实习组织与实施、专业课程设置、学生宿舍的管理与服务质量、学校多媒体及网络资源等设施及服务、学校体育及课外活动设施及服务等工作的满意率每年都偏低。历届毕业生对学校的自豪感不够高，但对回馈母校表现相当积极。由此可见，我校国际交流、跨专业交流方面还有很多工作要做；校外实训实习的组织、专业课程设置方面要引起各学院高度重视；学校的办学条件、教学设施设备需进一步完善。

2. 构建多层次多形式的督导信息反馈机制

对校级、二级学院的教师和学生的多层次多形式的督导信息反馈进行数字化综合信息处理，构建高校、学院、师生三级督导督教督学督管信息反馈良性循环机制。比如，我校督导信息反馈制度经过多年实践，督导员通过听课，将评教、评学信息及时反馈给任课教师和学生管理部门；组织召开督导员工作会议反馈相关督导信息；通过电话、口头报告、QQ、微信、督导简报等方式反馈督导信息到相关部门；通过校园网等公布反馈相关督导信息，做到信息透明化、公开化。下文列出《长沙师范学院教学巡查反馈问题及诉求交办单》。

长沙师范学院教学巡查反馈问题及诉求交办单

2018年第40号

开学第一天教学巡查反馈问题及诉求	校园网络费用贵，信号差。
教学质量监控与评估处意见	开学第一天教学巡查及诉求反映的以上问题，请信息与公共实验管理中心牵头负责处理，并将处理结果于2018年9月30日之前书面报教学质量监控与评估处备案。 负责人签字： 2018年9月21日
有关部门处理结果	1. 针对所反映校园网网速慢的问题，我中心特对上传、下载速率进行了测速，测速地点随机选取了北校区学生公寓10栋1楼、6楼，其结果显示北校区宿舍区校园园网速稳定在20M左右，网速正常。附测速

	截图。另，建议在征求学生意见时请学生清楚告知校区及宿舍区域，以便我中心进行核查。 2. 关于上网费用问题，我中心调查了长沙县周边几所高校，结果显示我校校园网资费与其他高校基本持平或略低于其他高校。 负责人签字： 年　月　日

3. 加强督导协同信息数字化反馈系统建设。

为了解决信息数字化问题，长沙师范学院花重资购买了督导信息系统，建立了教学督导网络信息处理系统，实现信息反馈数字化。督导信息反馈平台真实记录了督导工作的全过程。督导信息通过平台积累数据，为决策部门提供依据和参考。督导信息反馈模式的改变，让督导工作机制也悄然发生了调整，督导信息共享更加理性、客观、公开。

（三）治理视域下督导协同信息反馈

1. 长沙师范学院督导协同信息反馈的关键词：整改

督导信息反馈，主要目的在于整改与提高。督导信息的快速反馈评价使受评价者能够发挥自己长处，弥补不足，从而有效提高自己。我校教师的心态也从“害怕督导”到“欢迎督导”，再到“主动邀请督导进课堂”。

在评价结果反馈之后，管理部门管理水平持续改进，提高了治理水平，并通过督导信息直接了解学校相关教学情况，对学校教学质量做到胸中有数，出台相关决策时有据可依。

2. 督导协同信息反馈机制创新，突出了长沙师范学院督导工作的内涵发展及实效

完善二级学院督导体系建设，使教学督导有为、有位、有威，是长沙师范学院督导工作内涵发展的重要标志。对校、院二级督导工作人员，以及其他督导主体给予充分信任，保证督导工作人员有所作为；同时，校、院二级督导工作人员，以及其他督导主体相互配合，合理分工，协同作战，保证他们各自“有位”；通过各督导主体奋发有为，树立各自相应的威信，即“有威”。这样，不断创新工作模

式，最终让各督导主体做到“有为”，进而更加“有威”“有为”，形成协同良性循环，促进长沙师范学院督导工作内涵式发展取得实效。

3. 督导协同信息反馈机制创新，突出了长沙师范学院督导工作的可持续性发展

首先是督教方面，根据信息的反馈，对课堂教学质量不高的相关原因进行分析，对问题教师，根据教学态度、教学方式、教学内容等进行分类。根据教师的年龄分为青年教师督导、中年教师督导、老年教师督导，或者根据职称分为教授职称督导、副教授职称督导等，因人施策进行督导信息反馈和分类督导。其次是督学方面，依据学生学风状况进行督学分类，如纪律、素质、专业等，采取座谈、思想交流、导师制、学生信息督导员等方式进行督导信息反馈，对学生进行督管，提高学生自我管理的能力。最后是实行分层督导的原则，加强校级巡查、抽查、评估等方面的督导信息反馈力度，强化其他督导主体的信息反馈力度，实现督教、督学、督管信息的协同互动反馈，促使学校教学质量提升。

参考文献

[1] 顾明远．外国教育督导制度[M]．北京：人民出版社 1998．

[2] 顾明远．外国教育督导[M]．北京：人民教育出版社．2002．

[3] 黄艳芳，周小雅．职业教育督导研究[M]．桂林：广西师范大学出版社，2013．

[4] 王璐．英国教育督导与评价[M]．北京：高等教育出版社，2010．

[5] 黄崴．现代教育督导引论[M]．广州：广东高等教育出版社，1998．

[6] 向宏业．湖南教育督导制度构建[M]．长沙：湖南科学技术出版社，1999．

[7] 甘罗嘉，周廷勇，田智辉．高校教学督导——理论与实践[M]．北京：知识产权出版社，2017．

[8] 周胜保．督在点子上，导在要领处——高职院校教学督导工作探索[M]．北京：北京理工大学出版社，2011．

[9] 涂文涛．教育督导新论[M]．北京：人民教育出版社，2015．

[10] 彭世华．升本背后的故事：2003—2013 年长沙师范工作的回忆[M]．长沙：湖南人民出版社，2018．

[11] 俞可平．治理与善治[M]．北京：社会科学文献出版社，2000．

[12] 詹姆斯・N.罗西瑙．没有政府的治理——世界政治中的秩序与变革[M]．张胜军，等，译．南昌：江西人民出版社，2001．

[13] 麻宝斌，等．公共治理理论与实践[M]．北京：社会科学文献出版社，2013．

[14] 保罗・萨缪尔森，微观经济学[M]．肖琛，等，译．北京：华夏出版社，1999．

[15] 陈列．市场经济与高等教育——一个世界性的课题[M]．北京：人民教育出版社，1999．

[16] 李晶，刘霞．现代管理学基础[M]．北京：高等教育出版社，2000.

[17] 赵玉林．高校教学督导工作运行论[M]．武汉：武汉理工大学出版社，2004.

[18] 朱琦，等．问题与探讨：当代教育督导研究[M]．天津：天津教育出版社，2006.

[19] 马利凯．治理理论视阈下中国高等教育重点建设质量保障研究[D]．吉林：吉林大学，2016.

[20] 薛培．高等中医药院校教学督导模式及评价指标体系研究[D]．北京：北京中医药大学，2016.

[21] 宋官东．教育公共治理及其机制研究[D]．沈阳：东北大学，2012.

[22] 李素敏．20 世纪 90 年代以来英国教育督导制度的改革与借鉴[D]．保定：河北大学，2004.

[23] 凌飞飞．新中国省级教育督导研究[D]，重庆：西南大学，2006.

[24] 张乐．地方高校教学督导问题研究[D]．哈尔滨：黑龙江大学，2016.

[25] 富欢．高校教学督导的问题与对策研究[D]．哈尔滨：哈尔滨师范大学，2013.

[26] 胡志玲．高校教学督导专业化建设效果评价的实证研究[D]．南昌：南昌大学，2014.

[27] 胡燕玲．我国高校教学督导运行机制研究——基于系统分析的方法[D]．武汉：华中师范大学，2010.

[28] 郑子莹．我国现代教育督导权威的缺失及其构建研究[D]，重庆：西南大学，2006.

[29] 方建宁．高校教学督导现状及其队伍建设研究[D]．南京：河海大学，2007.

[30] 李德龙．主体性教育督导研究[D]．济南：山东师范大学，2009.

[31] 李晓．黑龙江省本科高校内部教学督导模式研究[D]．哈尔滨：哈尔滨工程大学，2009.

[32] 卢盈．中日教育督导制度比较研究[D]．新乡：河南师范大学，2010．

[33] 邱春华．民国时期福建省教育视导制度研究[D]．福州：福建师范大学，2015．

[34] 徐斌．高校教学督导制度研究——以 D 大学为例[D]．广州：华南农业大学，2016．

[35] 林荣策．高校教学督导研究——基于福建 F 高校的调查[D]．福州：福建师范大学，2011．

[36] 苗建成．多中心治理理论下高校网络教育发展对策研究[D]．大连：大连理工大学，2018．

[37] 舒予．管办评分离体制下高等教育评估机构完善对策研究[D]．湘潭：湘潭大学，2017．

[38] 李彦明，李肇忠．中国国家治理体系现代化的理论维度与实现路径[J]．公共管理研究，2015，31（6）．

[39] 程素萍．督学视角下的教育督导体制机制研究[J]．上海教育科研，2016（9）．

[40] 姜晓萍．国家治理现代化进程中的社会治理体制创新[J]．中国行政管理 2014（2）．

[41] 孙泽文．高校教学督导工作的路径探析[J]．教育与职业，2005（27）．

[42] 宏亮．我国教育督导制度的历史沿革和现状[J]．北京师范学院学报（社会科学版），1991（4）．

[43] 肖来付．浅谈大陆高职院校教学督导若干问题[J]．厦门广播电视大学学报，2011（4）．

[44] 孙启林，金香花．韩国教育督导制度及其特点评析[J]．外国教育研究，2007（34）．

[45] 藤田宙靖．行政与法[J]．中外法学，1996（3）．

[46] 金中．高校内部管理体制改革的民主化和法治化建设[J]．江苏高教，1999（5）．

[47] 张淑细．日本教育督导制度的演变及其对教育改革的影响[A]．纪念教育史研究创刊二十周年论文集（17）——外国教育政策与制度改革史研究[C]．2009．

[48] 沈健．创新教育督导建立现代教育治理体系[N]．江苏教育报，2017-11-10．

[49] 唐立军．建立现代教育督导体系[N]．北京日报，2017-11-27．

后　记

不知不觉，时令又已来到初冬，透过窗户望去，人们在草地上慵懒地晒着太阳，空气中似乎充满了香甜的生活气息。仔细回想，迄今为止，我在高校教学质量监控与评估部门工作已有 12 个年头。多年的高校教学质量部门的工作经历，使我对高校教学督导与质量监控工作有了些许的认识，也愿意把肤浅的点滴体会用我的笔记录下来与大家交流，这便是写这本书的初衷。

白天，我面对的是部门事无巨细的日常工作，所以只能在晚上或者寒暑假等节假日来撰写书稿。从确立研究框架，到搜集、调研与消化资料，到动手撰写，到完成书稿，其间枯坐黄灯，奋“键”疾书，这些让我感受到了学术研究的艰辛。另一方面，由于本人资质平庸，同样的工作需要比别人付出更多的努力，需要更多的坚持。我常常想，有时候或许这种努力与坚持的过程，正是人生的意义与价值之所在。

本书是“2014 年湖南省教育科学规划课题（一般）《基于治理理论的高校督导体制创新研究》（XJK014CJG005）”研究成果，在本书付梓之时，感谢部门教学质量监控与评估处处长姚志钢教授对我工作上的关心和支持，他严谨的治学态度、丰硕的研究成果、精益求精的工作作风给我做出了示范和榜样；感谢副处长袁华斌、陈勇等领导对本课题研究工作的鼓励与指导；感谢部门同事黄万忠、曾若婉、桂斌的热心帮助与支持。我还要特别感谢我的妈妈、爱人给予我工作上的有力支持、生活上的无微不至的关照，使我得以在投身于各项工作之余顺利完成本书。

近年来，各地方高校纷纷开展教学督导与质量监控工作，都积累了不少的成功经验。很多高校的领导和老师对此有较多的总结和见解，不少专家学者对高校教学督导与质量监控工作也有了许多著述，这些成果为我提供了很好的学习借鉴材料，对本书的写作帮助很大，在此向各位专家致以真诚的感谢。

我期待本书能抛砖引玉，引起学界对“高校教学督导治理”更加深入的研究和探讨。“路漫漫其修远兮，吾将上下而求索”，我将带着未尽的问题，在“高校教学督导治理”方面进行更深入的探索和研究，以回报给予我关爱和支持的人们。由于本人水平、精力所限，本书中疏漏之处在所难免。欢迎广大读者批评指正。